OSHO

CRENÇA, DÚVIDA E FANATISMO

É essencial ter algo em que acreditar?

OSHO

CRENÇA, DÚVIDA E FANATISMO

É essencial ter algo em que acreditar?

Tradução
Magda Lopes

Academia

Título original: *Belief, doubt, and fanaticism*

O material deste livro foi selecionado de várias palestras de Osho proferidas ao vivo para uma plateia. Todas as suas palestras foram publicadas na íntegra na forma de livros, e também estão disponíveis em gravações de áudio originais. As gravações e o arquivo de textos completos podem ser encontrados na biblioteca on-line OSHO no endereço www.osho.com.

Revisão: Abodha, Tatiana Allegro
Diagramação: Maurélio Barbosa
Capa: Compañía
Imagem de capa: © iStock

CIP-BRASIL. CATALOGAÇÃO-NA-FONTE
SINDICATO NACIONAL DOS EDITORES DE LIVROS, RJ

O91c

Osho, 1931-1990.
Crença, dúvida e fanatismo : é essencial ter algo em que acreditar? / Osho; tradução Magda Lopes. - 1. ed. - São Paulo: Planeta, 2015.

Tradução de: Belief, doubt and fanaticism
ISBN 978-85-422-0469-8

1. Espiritualidade. 2. Fanatismo. I. Título.

14-18361 CDD: 248
CDU: 2-584

2015

Editora Planeta do Brasil Ltda.
Rua Padre João Manoel, 100 – 21º andar
Edifício Horsa II – Cerqueira César
01411-000 – São Paulo-SP
www.planetadelivros.com.br
atendimento@editoraplaneta.com.br

Sumário

Introdução

A verdade liberta, e nada mais. Tudo mais cria uma escravidão, uma carga. E a verdade não pode ser encontrada pelo esforço intelectual, porque a verdade não é uma teoria, é uma experiência. Para encontrá-la, você tem de vivenciá-la. E é aí que milhões de pessoas agem errado. Elas acham que, se conseguirem se agarrar a uma crença, esse laço vai ajudá-las a encontrar a verdade. Pouco a pouco se acomodam com a crença, mas ela não é a verdade. É uma teoria sobre a verdade, como se alguém a tivesse estabelecido através de palavras, escrituras, doutrinas, dogmas – como um homem cego que começa a acreditar que a luz existe, ou como um homem faminto que lê um livro de culinária e acredita nessa maneira ou naquela outra, mas o tempo todo continua faminto. Essa não é a maneira de satisfazer a fome.

A verdade é um alimento. A pessoa tem de digeri-la, assimilá-la; tem de permitir que ela circule dentro do seu coração, que palpite dentro do seu coração. A verdade tem de ser assimilada dentro da sua unidade orgânica. A crença jamais é assimilada, ela permanece um fenômeno não relacionado.

Você pode ser um hindu, mas o hinduísmo continua sendo apenas um conceito intelectual. Você pode ser um cristão, ou um muçulmano, mas essas não são partes orgânicas do seu ser. Lá no fundo, a dúvida permanece.

Ouvi a seguinte história:

Titov, o cosmonauta russo, retornou do espaço e, privadamente, Nikita Khruschchev perguntou-lhe se ele havia visto alguém lá. Segundo a história, ele respondeu: "Sim, eu realmente vi Deus", ao que Khruschchev disse: "Isso eu já sei, mas você conhece a nossa política; portanto, não diga a ninguém".

Mais tarde, Titov esteve com o patriarca da Igreja Ortodoxa Russa. O patriarca perguntou-lhe se ele vira alguém no espaço. Titov, fiel às suas instruções, respondeu: "Não, não vi ninguém".

"Isso eu já sei", respondeu o líder da Igreja, "mas você conhece a nossa política; então, por favor, não diga a ninguém."

Debaixo de suas crenças, seja qual for a crença, a dúvida continua. A dúvida está no centro e a crença está na periferia. Então, sua vida é basicamente determinada por sua dúvida, não por sua crença. Você pode ser um comunista e ainda assim, em algum lugar bem profundo, a dúvida continua. Você pode ser um católico, um cristão, um teísta, mas no fundo a dúvida continua.

Tenho observado muitas pessoas de diferentes crenças e seitas, mas no fundo existe sempre a mesma dúvida. E a dúvida não é hindu, cristã ou muçulmana. A dúvida não é comunista nem anticomunista. A dúvida é pura – é simplesmente dúvida. Para essa dúvida pura, você vai necessitar de uma confiança pura.

Essa dúvida pura que não tem adjetivo – hindu, cristã, muçulmana – não pode ser destruída por conceitos, crenças, teorias e filosofias hindus, cristãs ou muçulmanas. O que fazer com essa dúvida?

Um verdadeiro buscador não está buscando nenhuma crença com a qual se consolar. Ao contrário, está tentando encontrar um centro mais profundo em si mesmo que vá além da dúvida. Isso tem de ser entendido. Você tem de penetrar bem fundo no seu próprio ser, até um ponto de vitalidade no qual a dúvida fique para trás, na periferia. Porém, em vez de fazer isso, as pessoas se apegam a crenças na periferia, e a dúvida se mantém lá no fundo. O que tem de acontecer é o inverso.

Penetre bem fundo no seu ser. Não se preocupe com a dúvida, ignore-a. Deixe-a onde está! Não tente se esconder em uma crença, não seja uma ostra. Encare a dúvida – e vá além dela. Vá mais fundo do que ela. Então chegará um momento em seu ser... Porque no cerne mais profundo, no verdadeiro centro, só existe vida. Quando tocar esse cerne profundo dentro de você, a dúvida será apenas uma coisa distante, periférica. Ela pode ser muito facilmente abandonada, e não há necessidade de se prender a qualquer crença para deixá-la. Você simplesmente vê como ela é idiota. Simplesmente vê como ela é ridícula. Simplesmente vê como a dúvida tem sido destrutiva para a sua vida, como a dúvida está continuamente corroendo o seu ser, como ela tem sido venenosa. Só por enxergar que a dúvida tem sido venenosa, que ela não tem lhe permitido celebrar, que uma grande oportunidade está sendo perdida, você simplesmente a abandona. Não é que, ao invés de se apegar à dúvida, você se apegue a uma crença.

Um homem confiante não tem crença – ele simplesmente confia, porque passou a entender quão bela é a vida. E passou a entender que a vida é eterna, atemporal. Passou a entender que exatamente dentro dele mesmo está o reino de Deus. Ele se torna um rei – e não um rei no sentido comum da palavra, porque o reino que vem de fora é apenas um reino de sonhos. Você pode ser um rei, mas será o rei de um castelo de cartas ou, no máximo, o rei da Inglaterra. Nada de muito valor, inútil, apenas um símbolo fictício, sem nenhum significado. O reino real está no interior da pessoa. E o fato mais impressionante é que você continua carregando-o dentro de você, completamente inconsciente, sem saber que tesouros você está carregando e que esses tesouros são seus, esperando apenas para ser reivindicados.

A religião não é uma busca por qualquer crença. A religião é um esforço para conhecer a base natural do seu ser, para tocar o fundo sedimentar da sua existência. Essa experiência do fundo sedimentar da sua existência é o que queremos dizer quando usamos a palavra *verdade*. É existencial. É uma experiência.

1

A crença não é a resposta

Eu gostaria que todos vocês fossem gnósticos, que chegassem a um ponto da experiência em que as coisas além das palavras acontecem, em que a linguagem é deixada bem para trás, anos-luz para trás, em que não há a possibilidade de conceituar sua experiência.

Você não pode dizer "Deus existe", não pode dizer "Deus não existe". Não pode dizer "Não posso dizer estas coisas". Pode ficar simplesmente silente. E aqueles que conseguem entender o silêncio vão entender a resposta. Você pode ajudar as pessoas – é o que os gnósticos podem fazer – você pode ajudar as pessoas a ficarem silentes. Chamemos isso de estado meditativo, de consciência presente – mas esses são apenas nomes; a qualidade essencial é o absoluto silêncio, nada se agitando em você, nada hesitando em você. E nesse estado está Deus. Ele está em todo lugar. Está dentro de você, está fora de você.

Você acredita em Deus?

Eu não acredito na crença. Isso tem de ser entendido em primeiro lugar.

Ninguém me pergunta: "Você acredita no sol? Você acredita na lua?" Ninguém me faz essas perguntas. Já conheci milhões de pessoas, e faz trinta anos que respondo a milhares de perguntas. Ninguém me pergunta: "Você acredita na rosa?" Não é necessário; você pode ver que a rosa está ali, ou não está ali. Só se tem de acreditar em ficções, não em fatos.

Deus é a maior ficção que o homem criou; por isso você tem de acreditar nele. E por que o homem teve de criar essa ficção de Deus? Deve ser alguma necessidade interna. Eu não tenho essa necessidade, e, portanto, a pergunta não existe. Mas deixe-me explicar-lhe por que as pessoas têm acreditado em Deus.

Uma das coisas importantes a serem entendidas sobre a mente do homem é que ela está sempre buscando algum significado na vida. Se ela não tem significado, de repente você sente... e então, o que está fazendo aqui? Por que continua vivendo? Por que continua respirando? Por que amanhã de manhã você tem de levantar de novo e seguir a mesma rotina – o chá, o café da manhã, a mesma esposa, os mesmos filhos, o mesmo beijo falso na esposa? Depois o mesmo escritório, o mesmo trabalho, e a tarde chega e você, entediado, totalmente entediado, volta para casa – por que continua fazendo tudo isso? A mente tem uma pergunta: há algum significado em tudo isso, ou você está apenas vegetando?

Dessa forma, o homem vive buscando significado. Ele criou Deus como a ficção para preencher sua necessidade de significado. Sem Deus, o mundo se torna acidental. Não é mais a criação de um Deus sábio que o cria para o seu desenvolvimento, para a sua evolução, ou para alguma coisa. Remova Deus e o mundo se torna acidental, sem sentido. E a mente tem uma incapacidade intrínseca de viver com a ausência de sentido e, assim, cria todos os tipos de ficção

– Deus, o nirvana, o céu, o paraíso, outra vida além da morte – e cria todo um sistema. Mas isso é uma ficção para preencher certa necessidade psicológica.

Não posso dizer "Deus existe" e não posso dizer "Deus não existe". Para mim, a pergunta é irrelevante. É um fenômeno fictício. Meu trabalho é totalmente diferente.

Meu trabalho é tornar sua mente tão madura que você possa viver com a vida sem sentido, e ainda assim com beleza.

Qual é o significado de uma rosa ou de uma nuvem flutuando no céu? Elas não têm significado, mas existe nelas uma imensa beleza. Não há significado – o rio continua fluindo. Mas há tanto júbilo nisso que o significado não é necessário! E a menos que uma pessoa seja capaz de viver sem pedir significado, momento a momento, com beleza, com felicidade, por nenhuma razão... Basta respirar! Por que você deve perguntar? E para quê? Por que você faz da vida um negócio?

O amor não é suficiente? Você tem de perguntar qual é o significado do amor? E, se não há significado no amor, então é claro que a sua vida se torna desprovida de amor. Você faz uma pergunta errada. O amor em si é suficiente; ele não necessita de nenhum outro significado para torná-lo belo, uma alegria. Os pássaros cantam pela manhã... qual é o significado disso? Para mim, toda a existência é desprovida de significado. E, quanto mais eu fico silente e sintonizado com a existência, mais fica claro que não há necessidade de significado. A existência é suficiente como ela é.

Não crie ficções. Uma vez que você cria uma ficção, tem de criar mil e uma outras para apoiá-la, porque ela não tem apoio na realidade.

Por exemplo, há religiões que acreditam em Deus, e há religiões que não. Então, Deus não é uma necessidade para a religião. O budismo não acredita em Deus, o jainismo não acredita em Deus. Então, tente entender, pois no Ocidente isso é um problema. Vocês só conhecem três religiões, todas elas baseadas no judaísmo: cristianismo, judaísmo e islamismo, e todas as três acreditam em Deus. Vocês não conhecem Buda – ele nunca acreditou em Deus.

Isso me faz lembrar de uma declaração de H.G. Wells a respeito de Gautama Buda. Ele disse: "Ele é a pessoa mais ateia, mas a mais divina". Uma pessoa ateia e divina? Você acha que há alguma contradição nisso? Não há contradição. Buda nunca acreditou em Deus, não tinha necessidade disso. Ele era tão plenamente preenchido que o seu total preenchimento se tornou uma fragrância em torno dele. Mahavira nunca acreditou em Deus, mas sua vida foi tão divina quanto poderia ser.

Então, quando digo que Deus é uma ficção, por favor, não me entendam mal. Deus é uma ficção, mas o *divino* não é uma ficção, é uma qualidade. "Deus" é uma pessoa – como uma pessoa, é uma ficção; não há nenhum Deus sentado no céu criando o mundo. E você acha que um Deus criaria essa confusão que você chama de mundo? Então, o que restou para o demônio? Se alguém criou este mundo deve ter sido o demônio, não pode ter sido Deus.

Mas as ficções – e as velhas ficções, repetidas milhões de vezes – acabam assumindo uma realidade própria. Isso tem sido tão repetido que você nem sequer questiona que tipo de mundo Deus criou, que tipo de homem Deus criou. Esta humanidade louca... Em três mil anos o homem lutou cinco mil guerras. Isso é uma criação de Deus? E o homem ainda está se preparando para a guerra total, suicida, final. "Deus" está por trás dela.

Que tipo de ficções tolas podem se tornar realidade quando você começa a acreditar nelas? Deus criou o mundo – os cristãos acham que isso aconteceu exatamente quatro mil e quatro anos antes de Jesus Cristo. É claro que deve ter sido em uma manhã de segunda-feira e no primeiro dia de janeiro, suponho eu – porque a Bíblia diz isso. Atualmente há provas, mil e uma provas de que esta Terra tem milhões de anos. Encontramos, escondidos na terra, os remanescentes de animais de milhões de anos, e até corpos fossilizados de homens de milhares de anos. Mas o que o último papa disse sobre isso? Ele disse: "O mundo foi criado exatamente como está dito na Bíblia". Há quatro mil e quatro anos antes de Jesus, ou seja, há seis mil anos.

Todas as evidências negam isso. Na Índia encontramos cidades que têm sete mil anos de idade. Na Índia temos os Vedas, que, segundo uma abordagem muito científica, têm no mínimo dez mil anos. Segundo os hindus, os Vedas têm noventa mil anos, porque nos Vedas há uma menção a uma determinada configuração de estrelas que aconteceu há noventa mil anos. Agora, como isso poderia estar descrito nos Vedas se eles não têm noventa mil anos de idade?

Mas o que o último papa disse? Ele disse: "Deus criou o mundo com todas essas coisas. Para ele, tudo é possível; ele criou o mundo quatro mil e quatro anos antes de Jesus, com corpos de animais parecendo ter milhões de anos de idade". Tudo é possível para Deus! Isso é uma ficção, e então você tem de apoiá-la com outra ficção, e pode chegar ao absurdo. E por quê? Repetidamente o homem tem feito essa pergunta.

Há um argumento simples, muito simples, por trás disso. Você vê um vaso de barro. Sabe que ele não pode ser criado espontaneamente; é preciso haver um oleiro. Este tem sido o argumento simples de todas essas religiões: que se até um vaso de barro não pode ser criado espontaneamente e necessita de um oleiro para criá-lo, este vasto universo necessita de um criador. E isso satisfez a mente humana simples. Mas não pode satisfazer uma mente sofisticada, racional.

Se você diz que o universo necessita de um Deus para criá-lo, surge de imediato a pergunta: "Quem criou Deus?" E então você entra numa regressão absurda. Então o Deus um é criado pelo Deus dois, e o Deus dois é criado pelo Deus três, e o Deus três é criado pelo Deus quatro, e, dessa maneira, não pode haver fim. Não quero ser tão absurdo assim. É melhor parar na primeira ficção; do contrário, você vai plantando as sementes para outras ficções.

Eu digo que a existência em si é suficiente, não necessita de um criador. Ela é a própria criatividade.

Sendo assim, em vez de me perguntar se eu acredito em um criador, você deve me perguntar qual é o meu substituto para Deus, o criador. Meu substituto é a energia existencial da criatividade. E, para mim, ser criativo é a qualidade religiosa mais importante.

Se você cria uma canção, uma música, um jardim, você está sendo religioso. Ir à igreja é tolice, mas criar um jardim é tremendamente religioso. Por isso, aqui na minha comuna o trabalho é chamado de devoção. Não rezamos de nenhuma outra maneira, rezamos apenas através da criação de alguma coisa. Para mim, criatividade é Deus. Mas será melhor se você me permitir mudar a palavra *deus* para *divino*, porque não quero ser mal compreendido. Não existe nenhuma pessoa que seja Deus, mas existe uma tremenda energia – explodindo, infindável, se expandindo. Essa energia em expansão, infinita, explodindo, essa criatividade, é divina.

Eu a conheço; não acredito nela. Eu a provei; não acredito nela. Eu a toquei, a respirei, a conheci no âmago do meu ser. E ela está tanto em você quanto em mim. Simplesmente olhe para dentro de si, apenas dê uma pequena virada de 180 graus e ficará ciente de uma verdade. Então você não pedirá por crenças. Só as pessoas cegas acreditam na luz. Aquelas que têm olhos não acreditam na luz, simplesmente a veem.

Não quero que você acredite em nada. Quero que você tenha olhos e, quando você puder ter olhos, por que se satisfazer com uma crença e permanecer cego? Você não é cego. Talvez esteja apenas mantendo seus olhos fechados. Talvez ninguém tenha lhe dito que você pode abrir os olhos. Então, você vive na escuridão e na escuridão pergunta: "A luz existe?"

Lembro-me de uma pequena história na vida de Buda. Levaram até Gautama Buda um homem que era cego, mas muito lógico. Era tão lógico que toda a sua aldeia e até os ilustrados da aldeia estavam totalmente satisfeitos com sua lógica. Eles não podiam provar-lhe que a luz existe. Toda a aldeia conhecia a luz; todos a viam, só o cego lógico não podia vê-la. Mas ele era um homem muito lógico. Ele dizia: "Qualquer coisa que existe pode ser tocada. Tragam a luz – eu gostaria de tocá-la. Você pode bater em qualquer coisa que existe com alguma outra coisa que ela produzirá som. Deixe-me ouvir o som da sua luz sendo atingida por algo. Se ela tiver algum cheiro, traga-a até o meu nariz para que eu possa cheirá-la. Se tiver algum gosto, posso prová-la. Essas são as quatro possibilidades para mim".

Ora, não se pode provar a luz, não se pode criar um som a partir dela, não se pode cheirá-la, não se pode tocá-la. E o cego lógico ria e dizia: "Vocês só querem provar a minha cegueira, por isso criaram essa ficção da luz. A luz não existe. Vocês são todos tão cegos quanto eu; estão enganando a si mesmos".

Buda estava passando ao lado da aldeia, e então os aldeões pensaram: "Esta é uma boa oportunidade; vamos levar esse lógico até Gautama Buda. Talvez ele consiga ajudar". Buda escutou toda a história e disse: "O homem cego está certo, e vocês estão todos errados, porque ele não necessita de argumentação, ele necessita da medicina para seus olhos serem curados. E vocês o trouxeram para a pessoa errada. Levem-no para um médico".

Buda tinha seu próprio médico pessoal, que tinha sido encarregado por um grande rei, Bimbisara, para cuidar do corpo de Buda. Então Buda disse: "Vocês não precisam ir longe para encontrar um grande médico. Eu tenho um comigo. Vocês podem levar o homem cego até ele". Buda deixou o médico na aldeia e foi adiante. Em três meses os olhos do homem cego estavam abertos. Ele não era realmente cego – tinha apenas uma leve doença; uma camada pequena e fina estava cobrindo sua visão. Ela foi removida. Ele chegou dançando. Caiu aos pés de Buda e disse: "Se eles não me trouxessem até você, durante toda a minha vida eu ficaria argumentando contra a luz e eles não seriam capazes de provar sua existência".

O divino não é algo que o argumento possa provar ou refutar. É algo que você pode experimentar. Você ficará surpreso em saber que as palavras "medicina" e "meditação" vêm da mesma raiz. A medicina cura o corpo, a meditação cura o seu ser; é a medicina interna.

Eu tenho experienciado o divino em toda parte, porque não existe nenhuma outra coisa. Mas não existe nenhum Deus. E, se você quer experimentar o divino, basta um pouquinho de meditação, basta se tornar um pouquinho distante dos pensamentos e permanecer consciente. Quando sua consciência está presente e os pensamentos começam a cair como as folhas no outono, e quando há apenas consciência sem um único pensamento ali, você sentirá em sua língua o gosto, o verdadeiro gosto, disso que estou falando. E, a menos que o tenha experimentado, não acredite em mim; não acredite em ninguém, porque a crença pode se tornar um mendigo. Você pode ficar satisfeito com a crença e pode jamais experimentar.

Outro dia eu soube que o presidente Ronald Reagan quer um minuto de silêncio em toda escola, universidade e instituição. A ideia é ótima, mas não sei se Reagan entende o que significa um minuto de silêncio. Ele deve entender simplesmente que o silêncio é um minuto quieto, sem falar. Não falar não é silêncio. Você pode não estar falando, pode não estar proferindo nada, mas dentro de você estar passando mil e um pensamentos. Há um fluxo contínuo de pensamentos, entra dia, sai dia. Eu gostaria de dizer ao presidente Reagan que primeiro tentasse o silêncio durante um minuto.

Isso significa que durante um minuto nenhum pensamento deve se mover na tela da consciência. Isso não é fácil. É uma das coisas mais difíceis do mundo. Mas pode acontecer se você continuar tentando.

E se isso acontecer durante um minuto será o bastante. Se durante um minuto você conseguir ficar em um estado no qual nenhum pensamento se mova... Este tem sido o trabalho de toda a minha vida: ensinar as pessoas como ficar silentes. As pessoas têm tentado com um relógio ao lado: nem mesmo por vinte segundos – um minuto é tempo demais – elas conseguem permanecer sem pensar. Um pensamento após o outro, correndo... E, mesmo que consigam permanecer sem pensar por vinte segundos, o pensamento vem: "Ah! Vinte segundos!". Acabou, e o pensamento apareceu.

Se você conseguir ficar silente durante um minuto, você terá aprendido a arte. Então poderá ficar silente por dois minutos, porque os dois são iguais; o segundo minuto não é diferente do primeiro. Você poderá ficar silente por três minutos; todos os minutos são iguais. Uma vez que você saiba como, e esse como não é algo que lhe possa ser ensinado, você tem simplesmente que se sentar com os olhos fechados e começar a observar seus pensamentos. No início haverá uma enorme hora do *rush*, mas pouco a pouco você encontrará a rua cada vez menos movimentada; menos carros passando, menos pensamentos passando, menos pessoas passando, os intervalos ficando maiores. Se a pessoa continuar persistindo com paciência, em três meses certamente conseguirá atingir o silêncio de um minuto.

Não sei se o presidente Reagan alguma vez experimentou isso, porque qualquer homem que tenha experimentado o silêncio não tentará ser presidente de um país, não poderá estar na política. A política não é para aqueles que meditam, é para os medíocres. É para todos os tipos de tolos e idiotas.

Eu soube que, antes de Reagan se tornar presidente, ele tinha um macaco. Ouvi falar, não sei se é verdade ou não. No dia da eleição para presidente, um de meus *sannyasins* americanos me trouxe uma foto de Ronald Reagan com seu macaco e disse: "Reagan foi declarado presidente hoje – qual é o seu comentário sobre isso?".

Olhei para a foto durante um longo tempo. O *sannyasin* pareceu confuso e perguntou: "O que está acontecendo? O que você está procurando na foto?".

Eu lhe disse: "Não consigo descobrir quem é Reagan e quem é o macaco. Destes dois, quem foi eleito presidente?".

Ele riu e me mostrou uma foto de Reagan, e ainda me lembro do meu comentário de que "seria melhor se o macaco tivesse sido eleito presidente". Certamente o Kremlin teria seguido o exemplo imediatamente e escolhido um macaco como seu primeiro-ministro. Os russos não podem tolerar que os Estados Unidos estejam na frente deles. E uma coisa é absolutamente certa: com um macaco na Casa Branca e um macaco no Kremlin, o mundo seria salvo de uma terceira guerra mundial, que poderia destruir toda a humanidade e toda a vida na Terra.

Os políticos são macacos. Na verdade, os macacos devem me perdoar – os políticos são piores.

Mas a ideia é boa; de vez em quando, mesmo na mente de um macaco pode surgir uma boa ideia. Mas se Reagan realmente pretende instituir um minuto de silêncio, posso providenciar pessoas que ensinem em cada universidade e em cada colégio como ficar silente. Posso enviar meus *sannyasins* para todos os Estados Unidos para ensinar o silêncio.

Fiquei chocado ao ouvi-lo dizer que Deus não existe.
Então surgiram em mim as seguintes perguntas:
Como pode haver alguma religião sem Deus?
Deus não é o centro e a religião a circunferência?

É auspicioso que você tenha ficado chocado. É preciso inteligência para se sentir assim. Milhões de pessoas na Terra perderam a qualidade de ficar chocadas. Elas vêm sendo hipnotizadas há séculos, condicionadas de tal maneira que nenhum choque jamais as atinge. Todas as religiões, as chamadas religiões ou pseudorreligiões, têm feito apenas um trabalho: criar absorventes de choque dentro das pessoas. Minha função é destruir esses absorventes e tornar vocês vulneráveis para poderem duvidar, questionar, indagar.

Aquele que duvida até o fim encontra a resposta. Aquele que indaga até o fim chega a saber. Aqueles que seguem acreditando sem duvidar, sem questionar, sem indagar, permanecem tolos, mortos, idiotas. Então, eu o congratulo por ter ficado chocado; esse é um bom começo. A pessoa estúpida ficará zangada, não chocada. Vai imediatamente se tornar um inimigo; ela não ficará chocada. Ficar chocado significa que algo em você ainda está vivo, que os sacerdotes, os políticos, os pedagogos não foram completamente bem-sucedidos com você. Talvez uma janela tenha permanecido aberta; por isso você está chocado. E você consegue ver o milagre do choque? Imediatamente uma questão de enorme importância surge em você.

Sua pergunta não vem da raiva, não vem da irritação. É uma pergunta válida, inteligente, extremamente importante: como pode haver religião sem Deus? É isso que tem lhes sido dito há séculos, que Deus é o centro e a religião é sua circunferência. Essa é uma mentira absoluta. Religião não tem absolutamente nada a ver com Deus. Ela tem muito a ver com você, com a sua consciência, com o seu ser.

Você pergunta como pode haver uma religião sem Deus. Um dia, se continuar indagando, vai me perguntar como pode haver uma religião *com* Deus. E eu gostaria que você contemplasse como pode haver uma religião dessa maneira.

Deus não é nada senão a nossa ideia do supremo ditador, do último Adolf Hitler.

Ele cria o mundo apenas por capricho; não há razão para criá-lo. Nenhuma religião foi capaz de responder por que, afinal, ele criou o mundo – e este mundo: feio, nauseante, nojento; esta humanidade, que as religiões continuam proclamando ser a máxima criação de Deus. Deus criou o homem à Sua própria imagem – o que pode ser mais elevado que isso? E o que o homem anda fazendo? Em três mil anos, cinco mil guerras! Toda a história é uma história de assassinato, estupro, crime – e tudo isso em nome de Deus. E Deus criou o homem à Sua própria imagem?

Assim, você também pode pensar algo sobre Deus, apenas uma pequena inferência de que, se esta é a imagem, então qual será o real? Se Adolf Hitler, Joseph Stalin, Benito Mussolini e Mao Tse-Tung são apenas cópias carbono, então qual será o original? Será terrível!

Se Deus criou este mundo – o homem e todas as coisas –, ele deveria mostrar sinais de divindade, assinaturas de Deus, mas estes estão completamente ausentes. Se ele não sabia ler e escrever poderia, pelo menos, ter deixado uma impressão digital. Parece não haver assinatura em parte alguma. Parece mais provável que o mundo foi criado pelo diabo, e não por Deus, porque 99 por cento das provas são a favor do diabo, não a favor de Deus.

Com Deus você não pode criar religião, pela simples razão de que Deus já criou a Bíblia para os cristãos, o Torá para os judeus, os Vedas para os hindus... Ele já os criou; ele já lhe deu religiões prontas. Não lhe permitiu procurar, buscar e encontrar.

E há algo imensamente importante com relação à verdade: a menos que você a encontre, ela nunca se tornará verdade para você. Se for a verdade de alguma outra pessoa e você a tomou emprestado, nesse próprio empréstimo ela não é mais verdade – tornou-se uma mentira.

Essa é uma das razões de os grandes místicos do mundo dizerem repetidamente que a verdade é inexprimível, porque, no momento em que você a expressa, no próprio processo da expressão ela se torna uma mentira. Todas as suas escrituras sagradas estão repletas de mentiras.

Deus não lhe deu a chance de descobrir a religião, mas lhe deu a religião já pronta; e não lhe permite sequer questioná-la, duvidar dela: esse é um grande pecado. Há todo tipo de estupidez nas suas escrituras religiosas, mas você tem de acreditar totalmente nelas.

Um homem como Bertrand Russell ficou muito intrigado, pela simples razão de que há coisas em que qualquer um que tenha uma pequena inteligência não pode confiar – mas a dúvida torna você um pecador; você começa a se sentir culpado. Finalmente, ele escreveu um livro, *Por que não sou um cristão*, e reuniu todos os pontos que o impediam de se tornar um cristão. Por exemplo: o nascimento virgem de Jesus Cristo. Isso é tão não científico que acreditar nisso destrói toda a sua inteligência. Ter fé em tal ideia é um suicídio; você está destruindo a si mesmo. E o que está ganhando com isso? Uma ideia estúpida. Nascimento virgem!

Se Bertrand Russell não conseguia acreditar nisso, não podemos culpá-lo. Foi a Bíblia que impediu que um homem que poderia ter sido religioso... Russell perguntou: "Por que na trindade não foi incluída uma mulher?" Deus pai, Deus filho e o Espírito Santo. Que espécie de família é essa? Essa sagrada família parece ser muito tola. Por que não colocaram uma mulher nela? Porque todas as religiões têm sido contra as mulheres. Colocar uma mulher na trindade, na mais alta posição de poder, era impossível para elas, por isso tiveram de colocar o Espírito Santo.

Ora, ninguém sabe nada sobre o Espírito Santo, se ele é um homem, uma mulher, ou algo neutro. E esse Espírito Santo é a pessoa responsável por engravidar Maria – e ele ainda é santo! Ele é um estuprador, porque Maria não estava consciente disso; ela não foi uma parceira voluntária, e já era casada com uma pessoa. Mas o Espírito Santo fez isso. Talvez ele ainda esteja pairando pelo mundo – e ele é um terço de Deus! Um homem como Bertrand Russell foi impedido de ser uma pessoa religiosa por causa dessa ideia de Deus.

Mas qualquer ideia de Deus criará problemas. O Deus hindu... em vez da trindade, os hindus têm o *trimurti*, um paralelo – um deus com três faces; três pessoas reunidas em uma pessoa. Mas todas as três estão constantemente brigando umas com as outras, um comportamento tão infantil. Ainda bem que Sigmund Freud só tinha conhecimento das tradições cristãs e judaicas. Se estivesse consciente da tradição hindu, teria encontrado um enorme apoio para sua hipótese.

No hinduísmo, Deus criou o mundo. O primeiro ser que ele criou foi uma mulher, naturalmente, porque sem uma mulher nada mais pode se desenvolver – a mulher tem de vir primeiro. Mas, ao criar uma bela mulher, ele próprio ficou apaixonado. Então, o pai se apaixonou por sua própria filha – era o que Freud estava buscando, mas ninguém o informou que isso estava disponível. Durante a sua vida inteira, Freud tentou provar que todo pai é apaixonado pela filha e toda mãe é apaixonada pelo filho. E há alguma verdade nisso, mas Deus se apaixonar pela própria filha...!

Então a mulher ficou com medo e tentou fugir, e a única maneira de fugir era mudando o seu aspecto, a sua forma, disfarçando-se. Ela se tornou uma vaca, mas como se pode enganar Deus? Ele se tornou um touro. Ela se tornou outros tipos de animais, e Deus a acompanhou. Foi assim que toda a criação foi iniciada – a mulher fugindo e o pai a seguindo e tentando estuprá-la. Ele ainda continua fazendo a mesma coisa.

Com um Deus assim, que tipo de religião você acha que é possível? Esse Deus é um maníaco sexual; ele necessita de psicoterapia. Ele não pode ser o centro da religião, ele não pode sequer estar na circunferência da religião, deve estar dentro de uma instituição psiquiátrica. Mas se você ler as escrituras hindus ficará muito perturbado com o tipo de coisas que milhões de pessoas da mais antiga religião do mundo estão carregando.

Estas são as três fases do Deus hindu: Brahma é a fase criativa – ele cria o mundo; Vishnu é a segunda fase – ele mantém o mundo; e Shiva destrói o mundo quando chega o momento de destruí-lo. De certa maneira, isso está perfeitamente equilibrado; há aí todas as três funções de que a existência necessita: criação, manutenção e, um dia, a "descriação". Mas se você analisar a vida interior dessas três pessoas não conseguirá acreditar.

Um dia, Vishnu e Brahma estavam brigando por alguma coisa. Em primeiro lugar, a ideia de uma briga entre duas partes de Deus o torna esquizofrênico. Se suas duas mãos começarem a brigar uma com a outra... E é isso que você está fazendo na mente – uma parte brigando com a outra parte. Às vezes você fica tão dividido que já se torna duas pessoas, e às vezes você é muitas pessoas. Deus já é três pessoas – ele não é um todo, uma única peça –, e todas as três estão constantemente brigando.

Esses dois estavam brigando e não conseguiam encontrar uma maneira de resolver a briga. Então, ambos acharam que seria melhor procurar Shiva, pois talvez ele pudesse ser útil. Então foram procurá-lo. Shiva devia ter sido americano – era de manhã e ele estava fazendo amor com sua esposa, Parvati. Os indianos não fazem isso; nunca se ouviu falar disso. Acho que Shiva foi o primeiro americano a fazer amor com a esposa pela manhã, com as portas abertas. Talvez fosse melhor dizer que ele era californiano – com as portas abertas! –, pois o americano comum não faria isso.

Brahma e Vishnu entraram sem saber o que estava acontecendo lá dentro, e Shiva estava tão absorvido em seu ato de fazer amor que não se importou com eles. Ambos ficaram muito zangados. Em primeiro lugar, fazer amor pela manhã não é adequado a um deus! Em segundo lugar, com as portas abertas, qualquer um poderia entrar! E, em terceiro lugar, ele nem sequer lhes disse para se sentarem! Nem sequer olhou para eles! Os dois deuses ficaram muito zangados, tão zangados que rogaram uma praga contra Shiva, dizendo: "Você será conhecido no mundo pelo símbolo fálico". Por isso na Índia você não encontra nenhuma estátua de Shiva, apenas o símbolo fálico. Esta foi a praga daqueles dois deuses: "Você será conhecido e reconhecido como um símbolo fálico".

Talvez você não saiba, mas o *shivalinga*, o símbolo fálico de Shiva, não está sozinho; ele está colocado em uma vagina. Ambos estão esculpidos em mármore, e por milhares de anos os hindus vivem adorando-o. E Shiva continua sendo um terço de Deus!

Você pode pegar qualquer outra concepção de Deus e vai achar impossível criar uma religião em torno dela. Mas até agora isso tem acontecido! A ficção de Deus está no centro e, em torno da ficção, todas as outras ficções foram criadas – do céu e do inferno, do pecado e do castigo, do arrependimento e do perdão. E todo esse circo não é nada além da exploração pelos espertos sacerdotes de todas as religiões.

Sim, sem Deus não pode haver sacerdote. Sem Deus não pode existir o conceito do pecado. Sem Deus não pode haver céu e inferno. Sem Deus não pode haver templo, sinagoga, igreja. Se você acha que são essas coisas que fazem uma religião, então é claro que vai pensar isto: como pode haver uma religião sem Deus? Mas essas coisas não têm nada a ver com religião. Na verdade, para mim, elas são impedimentos para a descoberta da religiosidade.

E deixe que este seja outro choque para você: a religião autêntica vai ser desprovida de deus – e também desprovida de religião.

Estou lhes ensinando uma religião sem religião.

Você terá de penetrar um pouco mais fundo nisso porque as palavras parecem contraditórias: religião sem religião. Quando eu digo *religião sem religião*, quero dizer que o padre, a sinagoga, o rabino, o *pandit* indiano, o papa, a igreja, aquele que reza, as sagradas escrituras, o espírito santo e não santo – todos esses têm de ser descartados, porque é o que você tem conhecido como sendo religião. As escrituras sagradas não são nada além de ficção religiosa, assim como há as ficções científicas. E é belo escrever uma ficção científica, é uma arte. Essas ficções religiosas não são sequer artísticas, são 90 por cento lixo, porcaria. Ninguém as lê, exceto algumas poucas pessoas que têm algum investimento de interesse em lê-las.

Eu ouvi uma história de um homem que vendia dicionários, de casa em casa. Ele tocou a campainha de uma residência, a dona da casa atendeu e perguntou o que ele queria.

Ele disse: "Tenho belos dicionários. Você deve ter filhos; eles podem precisar de dicionários, e eu tenho todos os tipos para todas as idades".

A mulher queria se livrar dele, então disse: "Mas nós já temos um dicionário." E distante, em um canto, sobre uma mesa, estava um livro grosso parecendo um dicionário.

O vendedor riu e disse: "Aquela é uma Bíblia".

A mulher não podia acreditar, porque àquela distância era impossível descobrir que aquilo era uma Bíblia. Ela disse: "Você me surpreendeu. Sim, é uma Bíblia. Eu estava apenas tentando me livrar de você, dizendo que tínhamos um dicionário. Mas como você conseguiu descobrir? Diga-me e eu compro um dicionário – mas diga-me qual é o truque".

Ele disse: "Não há truque nenhum. Eu simplesmente vi quanta poeira acumulada existe sobre ela".

Somente as Bíblias e os livros sagrados acumulam poeira. Uma revista *Playboy* não acumula poeira. Quem quer abrir um livro sagrado? Talvez ele não tenha sido aberto há anos, talvez nunca tenha sido aberto.

A ficção religiosa tem de ser abandonada porque está impedindo o seu caminho, impedindo-o de atingir a realidade. Você tem de se livrar de toda a bobagem que seus pais, sua sociedade, seus professores, seus antepassados religiosos lhe disseram. A menos que se livre completamente disso, você não conseguirá dar o primeiro passo para ser religioso.

A religiosidade é uma qualidade do seu ser; ela não tem nada a ver com qualquer ritual externo a você, é uma qualidade do seu ser.

Há poucas coisas que são qualidades do seu ser, e elas estão em um estado dormente porque você nunca achou que elas fossem ser desenvolvidas. Você tentou desenvolver a sua consciência? Tentou desenvolver sua compaixão? Tentou desenvolver sua inteligência?

Os cientistas dizem que até os que são gênios usam apenas 15 por cento da sua inteligência; 85 por cento permanecem não utilizados. E isso diz respeito a homens como Albert Einstein, Karl Marx ou Rutherford, aos ganhadores de prêmios Nobel... O que dizer do homem comum, quanto ele usa? Não mais que 5 por cento. E esses 5 por cento ele usa porque são necessários para o seu trabalho cotidiano: seu trabalho, sua família, sua chamada religião, seu partido político e seu clube. Esse valor é suficiente. Você não precisa ser um grande gênio para se tornar um rotariano. Não acho que um gênio gostaria de ser membro do Lions Club.

Se o próprio gênio usa apenas 15 por cento, isso significa que ninguém está tentando afiar a inteligência. Você vai usando apenas o que a vida, as situações e as circunstâncias lhe forçam a usar. Se não houver ninguém ou nenhuma situação que o obrigue a usá-la, você não usará sequer 5 por cento. É por isso que você não encontrará filhos e filhas de pessoas muito ricas recebendo medalhas de ouro nas universidades ou chegando ao topo nas universidades. Eles não precisam usar a inteligência; seus empregados podem fazer isso. E agora os computadores estão disponíveis. Logo você não estará usando sequer 5 por cento; as pessoas estarão carregando um computador pequeno. Elas já estão fazendo isso.

Na minha infância, na minha família, meu pai era muito específico com relação à escrita à mão. Ele não permitia uma caneta-tinteiro em casa porque é impossível se ter a qualidade de uma antiga pena comum com uma caneta-tinteiro. A caneta-tinteiro iria destruir nossa escrita à mão. E você pode observar isso, basta olhar para trás: antes da invenção da imprensa, todos os livros eram escritos à mão – com uma bela e artística caligrafia. O que o livro contém é outra coisa; a escrita à mão em si é uma obra de arte. Mas essa arte desapareceu com a caneta-tinteiro. E, quando a máquina de escrever se tornou disponível, até aquele pouco que era possível com a caneta-tinteiro desapareceu – as pessoas passaram a digitar. Agora, diga-lhes para escrever e sua escrita faz parecer que elas não são instruídas. As pessoas atualmente carregam pequenos computadores para calcular, calculadoras – elas vão esquecer os pequenos cálculos que podem fazer.

Há uma mulher viva na Índia, Shakuntala, que viajou por todo o mundo e foi exposta aos maiores matemáticos. Ela é apenas uma estudante e não conhece nada de matemática superior, mas até Albert Einstein ficou desconcertado diante dela. É só escrever qualquer número, não importa quão grande ele seja; peça-lhe que o multiplique por um número do tamanho que você quiser – e antes de acabar de escrever esse segundo número ela lhe dá a resposta. Einstein disse: "Se eu tivesse de fazer isso, demoraria pelo menos três horas".

Mas o que está acontecendo com essa mulher? Ela não sabe dizer nada sobre isso. Ela diz: "Basta simplesmente olhar para os números que têm de ser multiplicados". Tudo o que acontece com ela é uma espécie de silêncio; nesse silêncio, os algarismos começam a aparecer e ela dá a resposta: "Escreva este número. Não sei de onde ele vem". Parece que desde o seu nascimento ela tem uma inteligência muito aguda, e por isso, em um piscar de olhos, algo acontece na sua mente. E esse não é o único caso, houve outros.

Um garoto, Shankaran, era tão pobre que ganhava dinheiro puxando um riquixá. E isso é uma coisa feia, não deveria existir em lugar algum: um homem puxando um veículo com você sentado nele! E ele era só um garoto. Seu pai era velho. O departamento de matemática da universidade ficou interessado nele por acaso. Certo dia, o professor, o chefe do departamento, andou no riquixá do garoto e começou a conversar com ele. Ele disse: "Você é tão jovem... deveria estar lendo e estudando".

O garoto lhe contou sobre sua família. "Mas", disse o garoto, "mesmo sem ler e estudar, e eu sei que o senhor ensina matemática, eu consigo fazer matemática. De alguma maneira consigo fazer isso." O professor o testou e ficou impressionado: o garoto era um milagre. Ele o enviou a Oxford, às suas próprias custas, para exibir sua habilidade. E a todo lugar que ele ia simplesmente impressionava os grandes matemáticos. Rutherford disse que uma determinada questão que o vinha incomodando há anos foi resolvida pelo garoto em segundos. E, quando ele a resolveu, Rutherford viu que ela era muito simples – como ele não havia percebido? De algum modo ele foi dando voltas e voltas e acabou perdendo o ponto principal, e aquele garoto simplesmente saltou direto para aquele ponto. E ele não era instruído.

O intelecto pode ser aprimorado, há maneiras de aprimorá-lo. A psicologia moderna está tentando medi-lo. Mas que tolice, desperdiçar tempo tentando medi-lo! O que há para ser medido? A pessoa média permanece com a idade mental de 13 anos; ela pode ter 70, mas sua idade mental permanece com 15; então, ela usa de 5 a 7 por cento da sua inteligência... Ora, por que perder tempo em descobrir métodos mais precisos para medir a inteligência? Por que não usar métodos que possam aprimorá-la? É isso que eu venho ensinando.

Se você duvida, seu intelecto será aprimorado.

Se você acredita, seu intelecto enferrujará, começará a juntar poeira, pois você não o estará usando.

A dúvida serve para afiá-lo, por uma razão fundamental: você não consegue ficar à vontade com a dúvida. Você tem de fazer algo a respeito; tem de encontrar a resposta. Até encontrar a resposta, a dúvida irá perturbá-lo, importuná-lo, e é dessa maneira que a dúvida afia o seu intelecto. Mas todas as religiões ensinam que duvidar é pecado, acreditar é ser religioso.

Eu lhe digo: duvidar é ser religioso; acreditar é ser irreligioso.

Mas essas pseudorreligiões eram realmente astuciosas, espertas. O que os psicólogos não descobriram até mesmo hoje, elas descobriram cinco mil anos atrás: que a dúvida é perigosa, ela aprimora o intelecto. A crença é confortável, conveniente, pois ela entorpece. É uma espécie de droga; transforma-o em um zumbi. Um zumbi pode ser cristão, hindu, muçulmano – eles são todos zumbis, com rótulos diferentes. E às vezes ficam fartos de um rótulo e então o trocam: o hindu torna-se cristão, o cristão torna-se hindu – um novo rótulo, um rótulo diferente, mas por trás do rótulo está o mesmo sistema de crença.

Destrua suas crenças. Certamente isso será desconfortável, inconveniente, mas nada valioso será ganho sem inconveniência.

Em 300 anos a ciência usou a dúvida como seu método, e deu tanto ao mundo nesse período. Em dez mil anos as religiões não foram capazes de dar sequer uma milésima parte disso. As religiões não deram nada. Ao contrário, elas impediram tudo de todas as maneiras possíveis. Elas também tentaram impedir a ciência, e se esforçaram muito nesse sentido – e ainda estão tentando.

O papa continua ensinando aos católicos que os métodos de controle da natalidade não devem ser usados; eles são contra Deus. Isso é estranho, porque até mesmo o Espírito Santo deve ter usado métodos de controle da natalidade, porque Jesus disse: "Eu sou o único filho gerado por Deus". O que aconteceu com Deus? Ele parou de produzir filhos e filhas? Ou ele se tornou um *brahmacharya*, um celibatário – o que não é muito provável – ou passou a usar métodos de controle da natalidade. Mas o papa continua o tempo todo sendo contra esse controle – porque isso é contra Deus, Ele está enviando pessoas.

Esta Terra já está superpovoada, já está em tal situação que, se não reduzirmos sua população pela metade, ela vai morrer. Não haverá necessidade de uma terceira guerra mundial: a própria população vai ser suficiente para matar todos, para matar todos de fome. E Deus está continuamente enviando pessoas... Ou ele não tem ideia de que deveria pelo menos mandar um pequeno pedaço de terra com cada criança, ou deveria tentar alguma nova maneira para que não haja ninguém faminto. Em vez de bebês reais, fazer bebês de plástico que se movimentem com baterias; isso seria mais fácil. De vez em quando você levaria o seu bebê para carregar a bateria... e para Deus tudo é possível! Ele tem feito todos os tipos de milagre, seu filho fez todos os tipos de milagre: este não seria um tão grande, criar um bebê movido a bateria.

Mas ele continua nos dando estômagos e fome, e nenhuma terra, mas a velha Terra está, dia a dia, perdendo a sua fertilidade. E o papa continua dizendo não ao controle da natalidade, não ao aborto. Por que não ao aborto? Porque ele é assassinato. Mas é muito estranho isso vir da mente de um papa, porque esses papas fizeram todos os tipos de cruzadas no passado e mataram milhares de pessoas. Esse tem sido todo o seu negócio: queimar pessoas, queimar mulheres apenas por causa de uma ideia fictícia.

Qualquer pessoa podia escrever ao papa informando-lhe que "em nossa aldeia há uma mulher que é uma bruxa". Isso era o bastante para iniciar uma inquisição; e havia um tribunal especial para investigar se a mulher era ou não uma bruxa. Eles torturavam tanto a mulher que ela terminava achando mais fácil aceitar que era uma bruxa do que continuar a ser torturada. Eles a torturavam até ela aceitar que era uma bruxa, e, uma vez que aceitava essa ideia, ela tinha de ser queimada viva. Milhares de mulheres sofreram isso!

Agora, de repente, seu interesse é a não violência; o aborto é uma violência. E os mesmos predecessores do papa abençoaram Benito Mussolini na Segunda Guerra Mundial. Aquilo não era violência? O arcebispo de Canterbury, na Inglaterra, abençoou as forças britânicas – e aquilo não era violência, aquilo era perfeitamente bom? Fica-se imaginando em que ponto o aborto se torna violência.

Em que ponto...? Uma criança é concebida neste momento – ela está viva ou morta? Ela está viva, mas de onde veio a vida? Ela estava viva nas células do sêmen antes de ser concebida no útero da mulher; as células do sêmen são todas vivas. Elas têm um período de vida curto, apenas duas horas, e, por isso, se dentro de duas horas elas conseguirem encontrar um ovo feminino, e conseguirem penetrar no ovo, a criança é concebida. O ovo está vivo: a metade do seu ser, a parte feminina, está no ovo, e a outra metade do seu ser está vindo do sêmen de seu pai. E, em uma única relação sexual, milhões de células estão correndo apressadas!

Você ficará surpreso em saber que é aí que a política começa. Todos estão correndo rapidamente na direção do ovo, porque quem o encontrar primeiro torna-se presidente dos Estados Unidos. Aqueles que são deixados para trás, apenas um pouco para trás, estão acabados! Só um espermatozoide vai entrar, e então o ovo da mulher endurece e nenhum mais consegue entrar. Esse é o processo natural, é vulnerável apenas para um. Só de vez em quando ocorre de duas células masculinas chegarem lá ao mesmo tempo e entrarem. Por isso às vezes a mulher tem gêmeos, ou três, quatro, cinco ou seis – até de nove crianças já se teve notícia. Mas esse é um evento muito raro.

Milhões de espermatozoides... e eles são realmente rápidos. É quase como uma corrida de automóveis. Eles estão todos correndo, e têm de ser rápidos, pois dentro de duas horas, se não chegarem lá, estão acabados. Em uma única relação sexual as pessoas são responsáveis por matar milhões de seres. E em um aborto? Apenas um. Então, se é um milhão ou um milhão mais um, que diferença isso faz?

Mas o papa está pronto, assim como o chefe *iman* muçulmano está pronto, e o *shankaracharya* hindu está pronto, para deixar a população crescer, porque os números têm uma importância política. É a política dos números: quantos católicos existem. O papa não está interessado na humanidade, no futuro, em um suicídio global. Todo o seu interesse está em quantos católicos existem: quanto mais católicos existirem, mais poder ele terá. O *shankaracharya* está interessado em mais hindus, por que assim ele tem mais poder.

Todos estão interessados no poder.

Em nome de Deus eles estão simplesmente tentando se tornar cada vez mais poderosos.

Se Deus não existe, o que é a oração?

A oração é um subproduto do teísmo. Você começa com uma crença em Deus, e então, naturalmente, algum tipo de relacionamento entre você e Deus é necessário. Isso é a oração. Você começa o glorificando. É claro que há alguma motivação: você está pedindo algo mediante a sua oração. Sua oração não é simplesmente um puro caso de amor – não, ela é um negócio. Por isso, quando você está em dificuldade, você reza; quando não está em dificuldade, se esquece de rezar. Quando está com alguma dificuldade, incapaz de lidar com ela, você reza porque necessita da ajuda de Deus. No momento em que não está em dificuldade, esquece-se tanto de Deus quanto da oração.

Uma famosa história sufi diz que um navio está voltando para seu país natal. De repente, o oceano enlouquece... grandes ventos, e o navio está prestes a afundar. Todos começam a rezar. Num momento desses, quem não vai rezar? Até o ateu vai rezar, o agnóstico vai rezar: "Perdoe-me pelo que venho dizendo, era tudo bobagem. Perdoe-me, mas me deixe chegar à praia".

Mas o sufi estava simplesmente sentado, não estava rezando. As pessoas ficaram com raiva e disseram: "Você é um homem religioso, está usando a veste, a veste verde de um sufi. Que tipo de sufi é você!? Você devia ser o primeiro a rezar! E nós não somos pessoas religiosas, somos apenas homens de negócios, e para nós esta oração também não é nada senão um negócio. Estamos dizendo a Deus que 'vamos lhe dar isso e você nos salva'. Por que você está sentado aí em silêncio? Por que não está rezando?"

Ele disse: "Vocês já disseram: porque eu não sou um homem de negócios. Se ele quiser acabar com todos nós, ótimo. Se quiser nos salvar, ótimo. Estou de pleno acordo com ele. Por que eu deveria rezar? Para quê? A oração significa algum desacordo, significa que está acontecendo algo que você não quer que aconteça. Você quer que Deus interceda, interfira, para parar isto, mudar aquilo".

O sufi disse: "Eu não sou negociante. É um problema dele, preocupar-se se vai nos salvar ou nos afundar. Se ele quiser que este sufi seja salvo, esse é um problema dele, não meu. E se ele quiser que eu morra, isso é da esfera dele. Eu não pedi para nascer, de repente estava aqui. Não posso pedir nada sobre a morte. Se o meu nascimento não estava no meu controle, como posso estar no controle da minha morte?"

Aquelas pessoas pensaram: "Esse homem é louco". Elas disseram: "Vamos cuidar de você mais tarde. De algum modo vamos chegar até a praia e então cuidaremos de você. Você não é um sufi, não é religioso; é um homem muito perigoso. Mas este não é o momento para nos incomodarmos nem brigarmos com você".

Estava também a bordo o homem mais rico e mais famoso do país. E ele estava viajando com milhões de diamantes e pedras preciosas. Ele tinha muito dinheiro... Tinha um belo palácio na cidade – o mais belo palácio de mármore. Até o rei tinha inveja dele. Até o rei lhe pedira muitas vezes: "Dê-me este palácio – diga-me quanto quer e eu pagarei por ele". Mas o louco homem rico dissera: "Isso não é possível. Esse palácio é o meu orgulho".

Quando o navio estava quase afundando, o homem gritou para Deus: "Escute, eu lhe dou aquele palácio – mas me salve!" E isso aconteceu. Os ventos desapareceram, o oceano ficou calmo, o navio foi salvo. Eles chegaram à orla.

Agora, o homem rico estava em uma posição muito difícil por causa do que havia dito. E ele, que havia se zangado com o sufi, agora estava em outra posição. Ele disse: "Talvez você estivesse certo em se manter quieto. Se eu o tivesse acompanhado, não teria perdido o meu palácio. Mas sou um homem de negócios e vou encontrar uma saída". E ele a encontrou.

No dia seguinte, colocou o palácio em leilão. Informou a todos os reinos próximos, a quem quer que estivesse interessado. Muitos reis, rainhas e pessoas ricas foram até ele; todos demonstraram interesse. E todos ficaram desconcertados ao ver que, bem em frente ao palácio, havia um gato acorrentado a um pilar de mármore do palácio. O homem rico saiu à porta e disse: "Este palácio e o gato estão juntos no leilão. O preço do gato é um milhão de dinares – em dólares, um milhão de dólares – e o preço do palácio é um dólar. O total é um milhão e um dólares".

As pessoas disseram: "Por este gato um milhão de dólares e por este palácio apenas um dólar?"

O homem de negócios disse: "Não se incomodem com isso. Se estiverem interessados, ambos serão vendidos juntos. Menos eu não vou aceitar. Se alguém estiver interessado, esse é o meu preço mínimo."

O rei do país disse: "Está bem, eu vou lhe pagar o preço, mas, por favor, diga-me, qual é o segredo deste gato e do palácio?"

E ele disse: "Não há segredo, eu só fiquei em dificuldades por causa de uma oração. Eu disse a Deus que lhe daria o palácio. E eu sou um homem de negócios; se ele é um homem de negócios, eu também sou um. O gato, um milhão de dólares – que eu vou guardar. E o palácio: um dólar – que irá para o fundo de Deus".

A oração é apenas o seu esforço de convencer Deus a fazer coisas que satisfaçam você. E isso é absolutamente sua imaginação. Em primeiro lugar, você não conhece Deus. Você não sabe do que ele gosta e do que ele não gosta. Não sabe se ele existe ou não, e você está rezando. Este é o pobre estado das coisas, e está acontecendo no mundo todo.

Sou contra a oração porque ela é basicamente um negócio. Ela está subornando Deus. Você espera poder reforçar o ego dele: "O senhor é maravilhoso, é compassivo, pode fazer tudo o que quiser". E tudo isso está sendo dito porque você quer alguma coisa. Há uma motivação por trás disso; do contrário, você não rezaria.

Sou contra a oração. Sou a favor da meditação.

E estas são as duas únicas dimensões: a oração, a falsa dimensão; e a meditação, a verdadeira dimensão.

Na oração você tenta primeiro imaginar um Deus ali, e então projeta uma oração. Na meditação você não tem de projetar nenhum Deus, não tem de acreditar em nenhum Deus, não tem de proferir uma única palavra de oração. Ao contrário, você tem de se voltar para dentro de si. Na oração você está se movendo para fora: para um Deus que está lá... e então há uma ponte de oração entre você e Deus.

Na meditação você não tem Deus lá. Você busca dentro de si. Você busca dentro de si, busca pelo que existe ali. Quem eu sou? O que é esta energia de vida? O que é esta consciência que existe em mim? Se eu conseguir pelo menos conhecer esta consciência, esta vida em mim, eu conhecerei a vida universal e serei parte dela.

Prove a água do oceano em qualquer lugar e verá que ela é salgada. Prove a si mesmo – esse é o lugar mais próximo, está dentro de você –, prove a sua consciência em silêncio e paz.

A oração é feita de palavras. Mais uma vez você estará falando, cantando, usando um mantra ou alguma outra coisa. Na meditação as palavras têm de ser abandonadas e você tem de aprender a permanecer sem elas, ainda que por poucos momentos. Mas, nesses poucos momentos, muitas bênçãos caem sobre você. A partir desses pequenos vazios todo o universo começa a se derramar sobre você.

Sou a favor da meditação e contra a oração.

O meditador vem a conhecer – sente a realidade palpitando dentro de si – o pulsar da existência. E então há uma gratidão sem qualquer motivo, uma gratidão por ninguém em particular, simplesmente uma gratidão por tudo, por tudo o que existe. Para mim, se você quer algo parecido com uma oração, então que seja um caso de amor, autêntico, sem qualquer motivo. Que seja apenas um agradecimento, não dirigido a ninguém em particular, dirigido ao todo.

2
Em busca da salvação

Nossas orações, nossos cantos, nossos mantras, nossas escrituras, nossos deuses, nossos sacerdotes, são todos parte da nossa armadura psicológica. Isso é muito sutil. Um cristão acredita que será salvo – ninguém mais. Ora, esse é o seu mecanismo de defesa. Todos vão para o inferno, exceto ele, porque ele é um cristão. Mas toda religião acredita da mesma maneira, que só seus devotos serão salvos. Isso não é uma questão de religião. É uma questão de medo e de ser salvo do medo; assim, de certo modo, é natural. Mas, a certa altura da sua maturidade, a inteligência exige que isso seja deixado de lado. Era bom quando você era criança, mas um dia você vai ter de deixar de lado o seu ursinho.

Jesus disse que seu sacrifício na cruz foi para salvar o mundo dos pecados do homem. Por favor, você poderia comentar sobre isso?

A primeira coisa a ser entendida sobre um homem como Jesus é que qualquer igreja que pretenda se desenvolver em torno desse homem e falar sobre ele tende a estar errada. O que a igreja cristã diz sobre Cristo não pode ser verdade. Na realidade, o sacerdote cristão absolutamente não representa Cristo. Ele é o mesmo velho rabino em novos paramentos, o mesmo velho rabino que foi responsável pelo assassinato de Jesus. O papa não é um tipo de pessoa diferente.

Não faz diferença se é uma instituição judaica, uma instituição cristã ou uma instituição hindu; todas as instituições funcionam da mesma maneira.

Jesus é um rebelde, assim como Buda ou como Lao-Tsé. Quando a igreja começa a se estabelecer, ela começa destruindo a rebeldia de Jesus, de Buda, pelo fato de a rebelião não poder estar em conformidade com uma instituição. Ela começa impondo suas próprias ideias. Começa selecionando o que manter na Bíblia e o que não manter. Muitas coisas foram eliminadas, muitas coisas não foram incluídas. Por exemplo, o evangelho de Tomé não foi incluído no Novo Testamento. Ele só foi descoberto alguns anos atrás – e é o evangelho mais importante. Os quatro evangelhos que foram incluídos não são nada em comparação com o dele, mas ele é muito rebelde.

Parece que Tomé simplesmente relatou Jesus sem poluir, sem contaminar a sua mensagem. Essa deve ser a razão por que o seu evangelho não foi incluído na versão autorizada do Novo Testamento. E aqueles evangelhos que foram incluídos também foram editados. Durante séculos as conferências continuaram os editando, os destruindo, os distorcendo.

Eu conheço Jesus porque conheço a meditação. Meu conhecimento de Jesus não veio da Bíblia, não veio através da teologia cristã. Eu conheço Jesus diretamente. Conheço Jesus porque conheço a mim mesmo; essa é a minha maneira de conhecer todos os budas.

No momento em que você conhece o seu próprio estado búdico, passa a conhecer todos os budas; a experiência é a mesma. Todas as diferenças estão na mente; no momento em que você transcende a mente, não há mais diferenças. Como pode haver diferenças no vazio absoluto? Dois vazios só podem ser exatamente iguais. As mentes tendem a ser diferentes porque elas consistem em pensamentos. Quando há nuvens no céu, cada nuvem é diferente, mas quando não há nenhuma nuvem, todo céu é igual.

Não conheço Jesus através da teologia cristã; eu o conheço diretamente. E o meu conhecimento é que ele não pode falar em termos de sacrifício – essa é a primeira coisa, a primeira de todas. Um homem como Jesus não fala em termos de sacrifício; de celebração, sim; não de sacrifício. Ele encontrará seu Deus dançando, cantando. Isso não é sacrifício; ele não é um mártir. A igreja cristã tenta fazer dele o maior mártir, o maior homem, que se sacrificou para salvar o mundo dos pecados do homem. Em primeiro lugar, não é sacrifício – sacrifício parece algo de interesse –, é celebração! Jesus celebra tanto sua vida como sua morte.

Em segundo lugar, ninguém pode resolver os problemas dos outros, ninguém pode ser a salvação do mundo. E você pode ver isso – o mundo continua o mesmo! Vinte séculos se passaram e os sacerdotes cristãos continuam falando bobagens, que ele se sacrificou pela salvação do mundo. Mas onde está a salvação do mundo? Ou ele fracassou, não conseguiu lidar com isso – e isso eles não podem aceitar. Então, o que aconteceu? O mundo parece ser exatamente o mesmo, nada mudou. A humanidade permanece na mesma miséria. Mas Jesus não pode ter dito: "Eu vim para a salvação do mundo".

Mas isso sempre acontece quando uma igreja começa a se estabelecer. Ela tem de criar essas ideias; do contrário, quem vai ouvir os sacerdotes? Jesus é a sua salvação – não apenas isso, mas a única salvação!

Uma noite eu estava examinando um livro: *Jesus, o único caminho*. Por que o único caminho? Buda não é um caminho? Lao-Tsé não é um caminho? Zaratustra não é um caminho? Moisés não é um caminho? Maomé não é um caminho? Há infinitas maneiras de se chegar a Deus. Por que tornar Deus tão pobre? Apenas um caminho? Mas o sacerdote cristão não está interessado em Deus; ele está interessado em criar um negócio. Ele tem de declarar que Jesus é o único caminho, que todos os outros caminhos estão errados. Ele está em busca de clientela.

Por isso toda religião cria fascistas e fanáticos. Toda religião declara: "O meu é o único caminho certo – somente através de mim você pode chegar a Deus. Se você seguir outro caminho está destinado ao inferno, está condenado". Essa é uma maneira fascista de pensar, e isso cria fanáticos. E todas as pessoas religiosas são assim, e o mundo tem sofrido muito por causa dessa abordagem fanática. É chegado o momento, o momento agora está maduro, de abandonar todos os tipos de atitudes fascistas e fanáticas.

Jesus é um caminho, mas o caminho tem de ser percorrido. O caminho pode continuar onde está; isso não vai ajudá-lo. Só por estar ali e ser crucificado, Jesus não pode ser a salvação do mundo – do contrário, isso já teria acontecido! Então, o que estamos fazendo agora? O que os sacerdotes estão fazendo agora? O que o papa está fazendo agora?

Outro dia, alguém me perguntou: "Osho, você soube? O novo papa fez um milagre". Sim, eu soube: ele fez um homem cego mancar. O que mais esses papas podem fazer? O que esses papas estão fazendo agora? A salvação do mundo já aconteceu! Agora nenhuma religião é necessária e nenhuma igreja é necessária. Nem Cristo é mais necessário! O trabalho está terminado.

Ouvi a seguinte história:

Um jovem saiu da faculdade de medicina com uma medalha de ouro; ele havia chegado ao topo na universidade. Seu pai também era médico. O pai disse: "Agora que você chegou, eu gostaria de ir até as montanhas para descansar. Há anos não tiro uma única folga. Agora você cuida dos meus pacientes e eu quero ficar um mês nas montanhas".

Assim, o homem idoso foi para as montanhas. Depois de um mês, quando ele voltou, o jovem médico recebeu o pai no aeroporto e disse: "Papai, sabe aquela senhora idosa que você esteve tratando durante 30 anos e não conseguia curá-la? Eu a curei em um mês!"

O pai pôs a mão na cabeça e disse: "Você destruiu todo o meu negócio! Foi por causa dela que você pôde ir para a faculdade de medicina. E eu estava esperando que seu irmão menor também se tornasse médico. Seu tolo! O que você fez? Essa mulher era o nosso meio de vida! Você terminou com a minha carreira de toda uma vida!"

Se Jesus realmente realizou o milagre da salvação, então não há razão para a vinda de Maomé – Maomé veio depois de Jesus. Então não há razão para a vinda de Nana, o fundador do xiismo, não há razão para a vinda de Kabir. Jesus já havia fechado o negócio! Mas isso não aconteceu.

Buda diz: "Os Budas podem apenas apontar o caminho". Mas os discípulos fanáticos sempre querem fazer alegações. Até mesmo os jainistas alegam que Mahavira veio ao mundo para salvar a humanidade. Ora, isso até pode ser um pouquinho relevante com Jesus, porque ele fala de uma maneira que pode ser facilmente mal interpretada, mas Mahavira é muito claro. Ele diz em termos absolutamente definidos que ninguém pode salvar ninguém: "Eu não vim para salvar ninguém. Se puder salvar a mim mesmo, já é suficiente". Até sobre um homem como Mahavira, que declarou isso peremptoriamente, seus discípulos continuam declarando que ele veio para salvar a humanidade.

Por que as pessoas continuam atrás da salvação da humanidade? E como você pode conseguir? Você não criou a infelicidade para o mundo; como pode destruí-la? Se Jesus fosse a causa da infelicidade do mundo, então ele realmente poderia pôr fim nela. Se ele tivesse sido a pessoa que o aprisionou, ele poderia abrir os portões, destrancar as portas e lhe dizer para sair, e você estaria livre. Mas ele não foi a pessoa que fez isso. Você fez isso. Seu inferno é criado por você. O que Jesus pode fazer a respeito disso?

Mas essa lógica estúpida penetrou de modo muito profundo na mente da humanidade por certa razão: sempre queremos que outra pessoa seja responsável – por nossa infelicidade, por nossa felicidade; sempre queremos que seja responsabilidade de outra pessoa. Não queremos ser responsáveis! Para evitar a responsabilidade ficamos imobilizados por esses tipos de ideias.

Ora, os cristãos dizem que Adão e Eva cometeram o pecado original e por isso toda a humanidade está sofrendo. E isso é claramente uma tolice! Os cientistas dizem que a humanidade existe há milhões de anos. Milhões de anos atrás um casal, Adão e Eva, cometeu um pecado e estamos sofrendo em consequência dele. Você pode imaginar uma coisa mais ridícula? Você está imobilizado porque milhões de anos atrás alguém cometeu um crime. Você não o cometeu, como pode sofrer por isso? E a que pecado original eles estão se referindo? Não é nem original nem é pecado! O que Adão fez foi um fenômeno simples: ele desobedeceu ao pai. Toda criança tem de desobedecer ao pai. Uma criança nunca amadurecerá se não desobedecer ao pai. Isso não é nada original, é muito simples e natural. É muito psicológico. Há uma idade em que todo filho tem de dizer "não" aos pais. Se ele não o fizer, não crescerá, será um fraco. Se ele não puder dizer "não" aos pais, será um escravo durante toda a sua vida. Jamais atingirá a individualidade.

Adão e Eva não cometeram nenhum pecado; eles simplesmente amadureceram. Disseram 'não', desobedeceram. Quando seu filho vai para os fundos da casa e começa a fumar, não fique muito preocupado; ele está simplesmente desobedecendo a você. Isso faz parte do crescimento. Se ele nunca o desobedecer, aí, sim, fique preocupado. Leve-o ao psicanalista – há algo de errado com ele. Se ele sempre o obedece, então ele não tem alma; ele é anormal, não é normal. Fique feliz quando seu filho o desobedecer. Graças a Deus ele agora começou a caminhar na direção de se tornar um indivíduo. Só o desobedecendo, se rebelando, seu filho vai atingir a autêntica individualidade. Se os pais forem sábios, ficarão felizes.

E acho que Deus não pode ser tão tolo quanto os sacerdotes cristãos. Deus deve ter ficado feliz no dia em que Adão e Eva o desobedeceram; deve ter se rejubilado. Deve ter cantado uma canção dizendo: "Agora meus filhos estão se tornando maduros". Não consigo enxergá-lo aborrecido. Não consigo conceber um Deus que não entenda um fenômeno psicológico tão simples.

Você tem de atribuir ao seu Deus um pouco mais de inteligência do que a Sigmund Freud! É um simples fato da vida que cada filho tem de desobedecer. Não é pecado – a desobediência não é pecado. E o que há de original nisso? Não é nada singular e não só aconteceu há milhões de anos: acontece toda vez que uma criança começa a crescer. Você verá isso acontecendo em seu filho; mais ou menos em torno dos três ou quatro anos, a criança começa a afirmar sua liberdade.

Por isso, se você quiser se lembrar da sua vida, só conseguirá se lembrar dela a partir dos quatro ou, pelo menos, três anos de idade; antes disso tudo é escuro. Por quê? Porque até então você não tinha individualidade e, portanto, não tinha memória. Você atingiu pela primeira vez a individualidade por volta dessa idade. As meninas em torno dos três anos, os meninos em torno dos quatro; eles estão sempre um pouco atrasados, e esse vai ser o padrão durante toda a sua vida. Aparentemente, o marido está caminhando na frente, mas, no fundo, ele está sempre atrás da esposa.

Ouvi a seguinte história:

O grande rei Akbar certa vez perguntou aos seus ministros: "Minha esposa me disse que todos os meus ministros são controlados pelas esposas. Isso é verdade? Eu quero saber a verdade e, por favor, não tentem me enganar. Se eu descobrir que vocês me enganaram, o castigo será a morte. Portanto, formem uma fila à direita todos aqueles maridos que são dominados pelas esposas, e à esquerda aqueles que não o são".

Todos, exceto um, moveram-se para a fila dos maridos dominados – constrangidos, hesitando, mas não queriam mentir ao rei. Eles sabiam perfeitamente bem que ele iria investigar a fundo – "E, mais cedo ou mais tarde, se ele chamar nossas esposas, seremos desmascarados. Então, é melhor admitir isso de uma vez."

Mas um homem, que o rei jamais pensou que fosse muito heroico, que tinha o comportamento mais covarde, ficou sozinho à esquerda. O rei disse: "Estou feliz. Pelo menos um de vocês não é dominado pela esposa".

O homem disse: "Espere! Não me interprete mal. Quando eu estava saindo de casa, minha esposa disse: 'Evite multidões'. Por isso estou aqui sozinho – apenas para evitar a multidão. Se ela vier a saber que eu estava no meio da multidão, terei problemas, senhor, e eu não quero ter nenhum problema".

Próximo aos três ou quatro anos de idade... Por isso eu digo que essa parábola de Adão e Eva tem tantos aspectos;

jamais me cansei de falar sobre ela a partir de diferentes ângulos. Foi Eva quem primeiro desobedeceu – e isso significa que ela estava um ano à frente. Adão começou a amadurecer um pouco mais tarde; na verdade, ele foi persuadido por Eva.

Se o mundo for realmente deixado livre, então as mulheres seduzirão os homens, não os homens as mulheres; esse será o curso natural. E, na verdade, é exatamente isso que acontece neste exato momento, mas de uma maneira muito sutil. A mulher seduz o homem, mas o seduz de uma maneira tão sutil que a mente masculina bruta não consegue entender isso. A mente masculina bruta pensa: "Eu estou tomando toda a iniciativa", e a mulher continua rindo por dentro; ela sabe quem está no controle. Visivelmente, ela nunca dá um único passo por conta própria, você pode perceber isso. Sempre permite que a abordagem seja do homem; ela consegue esperar. Ela confia na sua própria capacidade de atrair o homem. Não quer ser explícita, consegue sempre convencer o homem a pensar que foi ele quem tomou a iniciativa.

Foi isso que aconteceu: Eva comeu a maçã primeiro, desobedeceu a ordem de Deus, e então Adão a seguiu. Isso não é algo que aconteceu uma vez, acontece sempre. Acontece com toda criança e é bom que aconteça. É em torno dos quatro anos de idade que a criança começa a sentir uma espécie de individualidade própria, ela começa a se definir.

Lanahan, um prisioneiro político irlandês, escapou da prisão cavando um túnel que foi dar no playground de uma escola. Quando emergiu em céu aberto, Lanahan não pode deixar de gritar para uma garotinha: "Estou livre, estou livre!"

"Grande coisa!", disse a menina. "Eu estou com quatro anos."

Há uma época em que a criança quer declarar ao mundo que "eu estou aqui!", "eu existo!" Ela quer se afirmar, e a única maneira de fazer isso é por meio da desobediência. Portanto, não há nada de original nisso e não é nada parecido com pecado; é um simples processo de crescimento. E como o cristianismo vem negando isso como um simples processo de crescimento, nada ajuda a humanidade a amadurecer.

Todas as religiões vêm tentando manter a humanidade imatura, juvenil, infantil. Todas temem que, uma vez que a humanidade amadureça, elas não terão nenhum valor; perderão todo o seu esplendor. Não serão capazes de explorar uma humanidade madura; elas só podem explorar crianças.

Então, que pecado a humanidade cometeu para que Jesus precisasse vir para a salvação do mundo?

Gostaria de deixar absolutamente claro a você que não é necessária nenhuma salvação. Em segundo lugar, se você sente que há qualquer necessidade, ela não pode ser satisfeita por ninguém, exceto por você mesmo. Em terceiro lugar, você não está vivendo em pecado, está vivendo na natureza – mas, se a natureza é condenada, você começa a se sentir culpado. E esse é o ofício dos sacerdotes: fazê-lo se sentir culpado.

Eu não acho que Jesus tenha dito que seu sacrifício na cruz foi para salvar o mundo dos pecados do homem. Os sacerdotes devem ter imposto suas ideias sobre Jesus. O

Novo Testamento foi escrito séculos depois, e depois ao longo de mais séculos ele foi editado, modificado, e as palavras que Jesus falou foram ditas em uma língua que não está mais viva, o aramaico. Não foram proferidas em hebraico ou em um dialeto do hebraico. Quando as palavras de Jesus foram traduzidas – primeiro para o latim –, uma grande mudança aconteceu: elas perderam sua qualidade original, seu sabor. Elas perderam algo muito essencial: a sua alma. E quando do latim foram traduzidas para o inglês, algo foi, mais uma vez, perdido.

Por exemplo, há algumas palavras sobre as quais você pode meditar: *arrepender-se* é uma das palavras-chave, porque Jesus a usa repetidas vezes. Ele diz a seus discípulos: "Arrependam-se! Arrependam-se, porque o Dia do Juízo está se aproximando". Ele repete isso tantas vezes que deve ter sido de um enorme valor para ele. Mas o que significa isso, "arrepender-se"? Pergunte ao sacerdote cristão e ele dirá: "Essa é uma palavra simples; todos sabem o que ela significa: arrepender-se de seus pecados, arrepender-se de sua culpa, arrepender-se de tudo aquilo que você fez". E o sacerdote pode ser de auxílio; ele pode ajudá-lo nas maneiras de você se arrepender. Mas a palavra *arrepender-se* não tem nada a ver com o arrependimento nesse sentido.

A palavra de Jesus para arrepender-se significa simplesmente "voltar para dentro"; não significa de modo algum arrependimento. "Voltar para dentro" – significa retornar à fonte, retornar ao seu próprio ser. É esse o propósito da meditação: retornar à fonte, retornar ao centro do ciclone, retornar ao seu próprio ser. Então você conseguirá ver a diferença. Quando você usa a palavra *arrepender-se*, ela carrega em si algo feio – pecado, culpa, o padre, a confissão; esse é o clima da palavra *arrepender-se*. Mas a palavra aramaica significa simplesmente retornar à fonte, retornar! Retornar, não perder tempo.

E é isso que acontece com quase todas as palavras-chave. É quase impossível entender Jesus através dos sacerdotes. A única maneira pura, a única maneira possível, é ir para dentro de si, retornar ao seu interior. Lá você encontrará a consciência crística. A única maneira de entender Cristo é se tornar um Cristo. Nunca seja um cristão, seja um Cristo! Nunca seja um budista, seja um Buda! Nunca seja um hindu, seja um Krishna! E se você quiser ser um Krishna, um Cristo ou um Buda, não precisará recorrer às escrituras nem precisará perguntar aos eruditos: você terá de perguntar aos místicos como ir para dentro de si.

E é exatamente isso que estou fazendo aqui: ajudando-o a se tornar consciente de si. E no momento em que você se conhecer ficará surpreendido – você nunca cometeu um pecado; o pecado é uma invenção do padre para criar a culpa em você. Você não necessita de nenhuma salvação. Tudo de que necessita é uma pequena sacudidela para poder acordar. Você não precisa de sacerdotes. Certamente precisa de pessoas despertas, porque só os despertos podem sacudir aqueles que estão dormindo profundamente e sonhando. E a humanidade precisa estar livre da culpa, livre da ideia de pecado, livre da ideia de arrependimento. A humanidade precisa de inocência, e os sacerdotes não lhe permitem ser inocente; eles corrompem sua mente.

Cuidado com os sacerdotes. Foram eles que crucificaram Jesus... Como podem interpretar Jesus? Foram eles que sempre estiveram contra os budas – e a ironia é que, no fim, eles se tornaram seus intérpretes.

Sou um católico convicto. Ninguém consegue abalar minhas crenças, mas por que me sinto um pouco amedrontado aqui?

Você caiu na companhia errada! Fuja daqui o mais depressa possível, porque você já está abalado. Uma crença não tem raízes; ela é apenas um fenômeno imposto. Por mais convicta que seja a sua crença, isso não faz diferença. Na verdade, quanto mais você teme perdê-la, mais convictamente acredita nela. Sempre que alguém diz, "Tenho a maior convicção na minha crença", saiba que ele está com medo. Do contrário, o que isso significa? Por que ele deveria se jactar da sua convicção? Se ele sabe, ele sabe.

Você sabe que o sol nasceu, que agora é dia. Você não diz: "Acredito piamente que isto é o amanhecer". Você simplesmente diz: "Sei que isto é o amanhecer". Você não diz: "Acredito piamente que o sol nasceu, ninguém pode abalar minha crença". Se você disser, as pessoas vão achar que você é louco. Se disser isso, as pessoas vão achar que você deve ser cego; você não está vendo o sol, apenas ouviu falar dele. Outros devem ter lhe dito que o sol nasceu e você está dizendo: "Acredito piamente nisso".

Você cria uma grande armadura em torno de si apenas para se proteger. Mas uma experiência real não necessita de proteção. A experiência real não necessita que você se vanglorie de ser uma pessoa convicta. A pessoa simplesmente sabe ou não sabe; as coisas são muito simples.

Você diz: "Sou um católico convicto". Foi apenas por acaso que você nasceu em uma casa católica. Se tivesse nascido e sido criado em uma família hindu, teria se tornado um hindu convicto. Se tivesse nascido na Rússia soviética e sido criado por um comunista, teria se tornado um comunista convicto. A convicção teria permanecido a mesma, do contrário tudo teria sido diferente. Essa convicção mostra simplesmente que você não é muito inteligente.

Uma pessoa inteligente não acredita; ela tenta saber, ela investiga. Uma pessoa inteligente não é católica nem protestante; uma pessoa inteligente não é hindu ou muçulmana. Uma pessoa inteligente diz: "Ainda não sei, portanto como posso declarar o que é certo e o que é errado? Como posso dizer que a Bíblia está certa e o Alcorão está errado, ou vice-versa?" A pessoa inteligente só pode dizer uma coisa: "Eu não sei, e não posso ter nenhum preconceito se realmente quero saber". Ela permanece sem preconceitos, aberta.

Sendo um católico, você está fechado; sendo um jainista, você está fechado; sendo um budista, você está fechado. Você não é um investigador, não é um buscador. Você não ama a verdade; ama a segurança. A crença lhe dá segurança. E, se quiser saber a verdade, terá de começar com o agnosticismo, terá de partir da condição de não saber. Toda verdadeira investigação só parte do não saber. Você precisa estar claramente consciente de que "eu não sei; mas tenho de procurar, tenho de buscar, tenho de encontrar, e devo partir sem nenhuma concepção *a priori*".

É por isso que você está ficando um pouco temeroso, amedrontado. Talvez você nunca tenha caído numa sociedade como esta – estas pessoas são perigosas! Não me diga mais tarde que eu não lhe avisei!

Então, por favor, fuja; certamente você não está em boa companhia.

Você conhece a história de Ferrara, o aviador, durante a Segunda Guerra Mundial?

Ele nunca tinha derrubado um avião britânico sequer, e todos no esquadrão zombavam dele por isso.

Certo dia em que estava na patrulha, Ferrara localizou cinco aviões de transporte britânicos. Ele partiu como uma bala na direção deles e derrubou todos os cinco. Então ele mal podia esperar para contar isso aos seus colegas pilotos. Ferrara aterrissou rapidamente, saltou do seu avião e correu para um coronel que estava de pé ao lado de um mapa. "Acabei de derrubar cinco aviões britânicos!", gritou o italiano, orgulhoso.

"Foi má sorte, meu velho!", respondeu o oficial.

Você está no lugar errado, meu velho. Não devia ter aterrissado aqui!

Você diz: "Ninguém consegue abalar minhas crenças".

Mas por que diz isso? Por que, em primeiro lugar, surgiu essa ideia na sua cabeça? Eu não lhe perguntei nada, ninguém perguntou. "Ninguém consegue abalar minhas crenças." Você já está internamente abalado. Posso vê-lo tremendo! E isso é natural, porque você sabe que não sabe. Essas crenças foram-lhe emprestadas por outros. Os padres lhe disseram e você acreditou. Você acreditou porque não estava realmente interessado na verdade, e então disse: "Tudo bem". Você não estava realmente preocupado com a verdade, e então disse que estava tudo bem.

As pessoas estão tão pouco interessadas na verdade que dizem: "O que você diz deve estar certo. Pra que se incomodar?" Não estão suficientemente interessadas para se importarem. Essa é a situação vigente no mundo: alguns são cristãos, alguns são hindus, alguns são muçulmanos. Se você olhar profundamente dentro deles verá que eles não se importam se Deus realmente existe ou não, não se importam com qual é a verdade. Simplesmente aceitaram a crença das pessoas que estão à sua volta. Isso é formal, é uma segurança social. É confortável fazer parte da maioria, é bom que os outros achem que você é religioso. Mas você não é religioso!

Não é fácil ser religioso. Uma das aventuras mais perigosas da vida é ser religioso. Isso significa abandonar todas as crenças e partir para o desconhecido sem nenhum mapa.

Será bom se você nos permitir destruir suas crenças. Será bom e será saudável para você não se apegar às suas crenças. E alguma coisa parece ter começado.

Você diz: "Mas por que me sinto um pouco amedrontado aqui?" Você começou a ficar alerta para o fato de que o seu catolicismo é falso. Houve apenas um cristão, e ele foi crucificado. Desde então não houve mais nenhum cristão. Na verdade, seja um Cristo, não seja um cristão. Não se desrespeite sendo um cristão. Você está destinado a ser um Cristo! Está destinado a ser um Buda, não um budista. O que é um budista comparado a ser um Buda? Apenas um crente, não um buscador, não um investigador. Prossiga na viagem... o mar o está chamando. Vá só, e vá sem mapas e sem escrituras. E, se conseguir abandonar todas as escrituras, os mapas e as ideologias nesta margem, a outra não estará distante.

Aquele que é totalmente desprovido de conhecimento é de imediato digno de receber de Deus o presente fundamental do conhecer. Só aqueles que renunciam ao conhecimento tornam-se capazes de conhecer.

Sei que não sou um crente, mas fico ponderando...
Será que sou um filósofo?

A filosofia não é a coisa real, e ser um filósofo significa se extraviar. A filosofia só pensa, mas nunca experiencia, e há coisas sobre as quais não se pode pensar: ou você as experiencia ou não. Como você pode pensar sobre a verdade se você não tem experiência dela? Como um homem cego pode pensar sobre a luz, as cores, o arco-íris, as flores e as borboletas? O que quer que ele venha a pensar estará errado. Para conhecer as cores, a luz, as estrelas, é preciso ter olhos, não pensamentos. E ter olhos é um fenômeno totalmente diferente de pensar. Na verdade, só as pessoas cegas pensam. Aqueles que têm olhos veem, experienciam.

A filosofia é uma abordagem não existencial da existência, por isso ela nunca chega a qualquer conclusão. Ela rodeia, rodeia, mas permanece paralisada no mesmo lugar. Uma das mais antigas profissões do homem é ser um filósofo, e isso tem sido sempre muito elogiado. Mas a razão do elogio é que o filósofo está pensando nos valores fundamentais, enquanto o mundo inteiro está preocupado com o mundano. Este é um mundo de pessoas cegas, e, se um homem cego começa a pensar sobre a luz, outras pessoas cegas vão adorá-lo. Mas não há como pensar sobre a luz.

Não há nenhuma maneira de se pensar sobre a verdade, não há nenhuma maneira de se pensar sobre o amor. Não há nenhuma maneira de se pensar sobre a beleza. Na verdade, no momento em que você atribui algum valor supremo ao pensamento, imediatamente se sente pouco à vontade. Por exemplo, se alguém lhe pergunta, apontando para um belo pôr do sol: "O que você pensa sobre isso?"; ou para um belo arco-íris: "O que você pensa sobre isso?". Obviamente você vai dizer que é bonito, porque você nunca pensou sobre se conhece ou não a beleza. Simplesmente aceitou as opiniões dos outros, e esse acúmulo de opiniões dos outros é tudo o que você tem – nada é seu, tudo é emprestado. Se insistirem: "O que você quer dizer quando diz que um pôr do sol é bonito? O que é a beleza?", imediatamente você vai se ver em apuros. Não há como definir o que é a beleza. Não há como definir o que é o bem. Não há como definir o que é o amor.

Você pode amar, mas não pode definir o amor. Você pode ficar devastado pelo amor, pode ser transformado pelo amor, mas ainda assim nunca será capaz de pensar sobre ele.

O pensamento é uma categoria muito baixa; na verdade, a mais baixa. Você não pode descer mais que isso.

Ser um filósofo não é algo grandioso. Detesto a própria palavra, porque ela ajuda as pessoas a esconderem sua ignorância. Ela nunca lhes abre um caminho para a luz, para a vida, para o amor, para a existência. Ela bloqueia o seu caminho. Torna-se uma Muralha da China. Os pensamentos podem criar tal barreira que, mesmo que você esteja diante de uma bela flor, não será capaz de vê-la. Seus olhos estão cobertos com camadas de pensamento. Para experienciar a beleza da flor, você tem de estar em um estado de meditação, não em um estado de atividade mental. Você tem de estar totalmente silencioso – sem nem sequer um vislumbre de pensamento – e então a beleza explode, atinge-o de todas as direções. Você fica inundado na beleza de um pôr do sol, de uma noite estrelada, de belas árvores.

Ontem à noite tornou a chover muito forte. Estava tudo tão silencioso – todos devem ter adormecido rapidamente. Passava da meia-noite, mas, na escuridão da noite, na serenidade da noite, a dança da chuva foi imensamente bela. Mas você tem de estar receptivo a ela.

A filosofia é uma agressão, e através de uma atitude agressiva você pode se tornar um cientista, mas nunca irá além da matéria. Você pode dissecar a matéria, pode pensar sobre seus constituintes, pode juntá-los, pode até produzi-la, mas a matéria é algo que está fora de você.

A beleza é algo que está dentro de você. Para enxergar a beleza de uma rosa você necessita de um belo coração. A luz não está simplesmente fora. Para enxergar a luz você necessita de olhos receptivos. Talvez você jamais tenha ponderado sobre o que aconteceria se o mundo todo de repente ficasse cego: o sol ainda brilharia com sua luz? A lógica comum dirá que sim, que isso não importa; quer você seja cego ou tenha olhos, o sol irá nascer. Mas aqueles que penetraram profundamente em todos esses problemas chegaram a conclusões muito diferentes. Se todos na Terra ficassem cegos, não haveria nenhuma luz. O sol é apenas a metade do fenômeno. A menos que você tenha olhos receptivos, não pode haver nenhuma luz nem pode haver nenhuma escuridão.

No momento em que você sai do seu quarto e tranca a porta, está realizando um milagre do qual não está consciente. Todas as fotografias que há no quarto, todas as roupas, todos os quadros, tudo desaparece. Não pode existir nenhuma cor sem um olho para vê-la. A cor é uma resposta de um olho; então, no momento em que você fecha a porta do seu quarto, este se torna sem cor – tudo se torna sem cor. O verde não é mais verde, o vermelho não é mais vermelho. Mas, se você olha pelo buraco da fechadura, todas as cores simplesmente voltam a ocupar seus lugares. Uma vez que o olho está ali, o elo perdido não está mais perdido.

Não se pode pensar sobre nada que seja valioso.

Essa é a diferença fundamental entre toda a herança da filosofia e a minha abordagem. Com grande humildade eu quero dizer que todos os grandes filósofos são grandes homens cegos – certamente grandes, porque o que eles não conseguem ver eles conseguem pensar a respeito, o que não conseguem tocar, conseguem imaginar coisas a respeito.

Nas fábulas de Esopo você deve ter ouvido a mais famosa delas. Cinco cegos vão ver um elefante. Todos os cinco são filósofos e, naturalmente, começam a tocar no elefante. Alguém toca as pernas do elefante e diz: "Meu Deus, o elefante é como as colunas de um templo".

O outro que está tocando as grandes orelhas do elefante... Certamente a história deve ter nascido na Índia, porque o elefante africano não tem orelhas grandes. Dessa maneira você consegue descobrir de onde está vindo uma história sobre um elefante. O elefante indiano tem realmente grandes orelhas. O cego que estava tocando as orelhas disse: "Seu idiota! Pare com toda essa bobagem sobre as colunas de um templo. O elefante é como um grande leque". Antes que a eletricidade aparecesse, os ricos costumavam ter enormes leques, e dois escravos de pé ao lado deles ficavam continuamente movendo os leques sobre eles. Esses leques são quase como as grandes orelhas do elefante.

E assim por diante; todos os cinco filósofos cegos ficaram discutindo sem parar. Um homem os observava. Era um homem simples, comum; não um filósofo, mas um homem com olhos. Ele não conseguia imaginar como aquelas pessoas iriam chegar a uma conclusão. Estavam brigando, discutindo, argumentando. Ele lhes disse: "Vocês estão todos com uma enorme dificuldade. Seus argumentos não vão ajudar. Vocês necessitam de olhos, não de argumentos. Quando virem o elefante, não será necessário pensar sobre ele".

A palavra filosofia vem de duas palavras: *philo* e *sophia*. *Philo* significa amor, e *sophia* significa sabedoria ou conhecimento – amor pelo conhecimento. No Oriente não temos nada similar à filosofia. No Oriente temos uma abordagem totalmente diferente. Não é a abordagem do filósofo; é a abordagem do místico. Não temos nenhum sistema similar à filosofia no Oriente. O que temos é totalmente diferente. Mas sempre houve um entendimento equivocado entre os estudiosos do Ocidente e os do Oriente. Todos começaram a chamá-la de "filosofia oriental". Isso não existe.

No Oriente temos uma palavra, *darshan*, que significa *visão*, não pensamento; significa simplesmente ver. *Darshan* não pode ser traduzido como filosofia. Eu cunhei uma palavra para isso. Não me importo com as línguas, não me importo com a gramática, não me importo com os dicionários nem com as enciclopédias. Minha preocupação é existencial, não linguística. Eu cunhei minha própria palavra e essa é *philosia*: o amor pela visão, não o amor pelo conhecimento.

Se você decidiu ser algo, seja um amante da visão da verdade. Seja um amante da experiência da verdade. Torne-se parte da vasta experiência que eu chamo de *philosia*. Confie mais nos seus olhos do que na sua mente. Confie mais no seu coração do que em seus pensamentos. Confie mais no seu ser, porque ele é o ser que vai experienciar o próprio centro do cosmos.

Evite a filosofia; ela é uma doença da alma. No momento em que você enxergar a distinção entre filosofia e *philosia*, ficará impressionado como essa pequena diferença entre as duas palavras o conduz para caminhos diferentes. A filosofia o leva mais fundo dentro da mente; ela aperfeiçoa a sua mente. Ela lhe proporciona argumentos mais sistemáticos.

Pode ajudá-lo a criar um sistema de pensamento perfeito, mas ele será apenas ar quente; não corresponderá à realidade.

A *philosia* vai conduzi-lo a um caminho diferente, o caminho do místico, cuja busca é por uma nova maneira de olhar para as coisas. Sua busca é por olhos, uma busca por um coração aberto – por ser receptivo. Sua busca fundamental é para entrar em sintonia com o seu ser, com o batimento cardíaco existencial. Quando seu coração está batendo em sincronia com o coração universal, você conhece sem o conhecimento, você é sábio sem sabedoria, porque você experiencia sem qualquer explicação.

Se você quer me entender, então tem de entender a distinção entre essas duas palavras. A filosofia o conduz mais fundo para dentro da mente, e isso significa ir mais fundo na confusão. A *philosia* o conduz além da mente, para um estado de não mente. A *philosia* é basicamente meditação. É a abertura de um terceiro olho dentro de você, como se o terceiro olho fosse apenas uma nova maneira de receber os dons da existência. Estou usando apenas uma parábola. Não a encare literalmente.

A filosofia está fadada a ser agressiva. Um dos livros do maior filósofo da era moderna, Bertrand Russell, intitula-se *A conquista da felicidade*. Isso indica a agressividade oculta da filosofia. A *philosia* não é uma conquista, mas, ao contrário, é uma disposição para que sejamos conquistados pela natureza, pela felicidade. É uma profunda confiança, abertura, receptividade.

O filósofo se obriga a ser sério. Quanto mais fundo ele penetra nos caminhos da filosofia, mais sério ele se torna, porque, quanto mais ele se afasta da vida, do amor, mais se distancia da beleza, da celebração, da festividade, do riso. Com o místico acontece justamente o contrário. Ele se aproxima cada vez mais de uma inocência infantil. Ele é cheio de sorrisos, que irrompem em risos ao olhar para o milagre da existência a toda a sua volta.

Somos tão cegos que nunca enxergamos a maravilha em nenhum lugar. Você planta uma semente, as chuvas vêm, a semente desaparece e morre no solo, e duas folhas verdes começam a brotar – e você não enxerga nenhuma maravilha nisso? Não enxerga a mágica? Daquela pequena semente vai nascer uma enorme árvore com milhares de flores e milhares de frutos. A partir de uma semente a árvore produzirá milhões de sementes todos os anos. Foi dito por um cientista que uma única semente, no devido tempo, pode tornar toda a terra verde. Tanto milagre em uma pequena semente! Mas vivemos em uma atitude de "tomar como óbvio". Essa é a nossa cegueira.

Não aceite nada como óbvio, e então encontrará a cada passo, a cada momento, milagres após milagres.

O místico conhece por tornar-se inundado pela majestade e pelo milagre da existência, mas ele não reduz seu conhecer em conhecimento. Ele nunca se torna um filósofo.

A pessoa que fez essa pergunta é um músico. Isso é bem melhor e bem mais elevado do que ser um filósofo. Talvez você não tenha pensado a respeito... A música consiste de som e silêncios. A filosofia é apenas muita prosa, apenas palavras, palavras e mais palavras.

A palavra é um fenômeno secundário. O som é um fenômeno primário. Você pode ouvir a música de uma cachoeira, pode ouvir a música do vento passando pelos pinheiros... nada é dito, mas muito é entendido. O vento passando pelos pinheiros não tem palavras, mas tem um som. No outono, quando todos os caminhos se tornam repletos de folhas caídas... você já caminhou em uma floresta? Seu simples caminhar cria som, porque os caminhos estão repletos de folhas. Basta surgir uma leve brisa e aquelas velhas folhas começam a dançar e a se mover. A existência está repleta de sons, mas nunca profere uma única palavra. Os pássaros estão cantando, mas estão apenas produzindo sons. Não estão dizendo nada, mas seus cantos são incrivelmente belos. Eles tocam o fundo do seu coração.

A música é um sistema mais elevado que a filosofia, porque a música é algo que está entre a filosofia e a *philosia*; em outras palavras, é algo entre as palavras e o silêncio, talvez simplesmente uma parada no meio da noite. Se você voltar para trás, pode se tornar um filósofo. Se for em frente, pode se tornar um místico. Voltar para trás significa perder os sons e agarrar-se às palavras. Ir em frente significa perder até mesmo os sons e simplesmente penetrar no silêncio, porque a música consiste de som e silêncio. É um ritmo, uma dança, de mãos dadas entre o som e o silêncio.

Um músico pode facilmente se tornar um meditador; está bem perto disso. Não há nada mais próximo da meditação do que a música – sem palavras, sem significado, mas tremendamente significativa. Ela não diz nada, mas mostra muito; não expressa nada, mas lhe proporciona um grande esplendor. Da condição de músico, mova-se em direção ao místico. No dia em que a sua música só consistir de silêncio, você terá chegado em casa.

E isso não o deixará triste. A música não é séria; é divertida, é canto, é dança. Tem uma imensa beleza. Pode emocionar o coração das pessoas. Ao entrar na música, não permaneça paralisado onde está. Foi aí que a música moderna ficou paralisada. Ela se tornou som demais e se esqueceu dos intervalos de silêncio. Você tem de mudar a *gestalt*.

Se você tem conhecimento da psicologia da *gestalt*... Ela é uma abordagem muito especializada. Vale a pena entender a palavra *gestalt*. Em qualquer livro sobre a psicologia da *gestalt* você vai encontrar um desenho, apenas um esboço, a figura delineada de uma mulher. Se olhar para ela e permanecer olhando, chegará um momento em que a mulher se torna uma velha. Se continuar olhando, chegará um novo momento em que a mulher se torna uma jovem, muito bonita.

Naquelas linhas, ambas estão ocultas; apenas sua *gestalt* muda, sua ênfase muda. Você olha para as linhas de uma maneira e aquilo parece a imagem de uma mulher velha. Mas como sua mente não consegue permanecer muito tempo com qualquer experiência – ela está continuamente se movendo –, logo ela muda a sua *gestalt*, e as mesmas linhas que estavam compondo uma mulher velha de repente criam uma mulher jovem e bela. A parte mais estranha é que você não consegue ver as duas juntas. Não consegue ver, porque obviamente as mesmas linhas têm de ser usadas. Ou você consegue ver a velha ou consegue ver a jovem, mas não pode ver as duas ao mesmo tempo, porque não há duas. A palavra *gestalt* significa mudança de ênfase.

Há um grande livro sufi, e eu gostaria de chamá-lo de o maior livro do mundo, porque nada está escrito nele, ele está absolutamente vazio. Tem quase 1.200 anos de idade, e o primeiro homem que o comprou foi Mevlana Jalaluddin Rumi.

Seus discípulos ficaram muito intrigados, muito curiosos, porque ele nunca lia aquele livro na frente de ninguém. Quando todos partiam, ele fechava a porta e pegava o livro, que costumava manter sob seu travesseiro, e então o lia. Naturalmente, isso estava criando muita curiosidade: "Que tipo de livro misterioso é este?" As pessoas tentavam descobrir de todas as maneiras. Às vezes alguns discípulos eram encontrados no teto, removendo telhas e olhando para baixo para ver o que Jalaluddin Rumi estava lendo, mas não conseguiam descobrir.

No dia em que Jalaluddin Rumi morreu, eles estavam mais interessados no livro do que nele... e eles amavam o homem. Eles o amaram como os sufis jamais amaram qualquer outro mestre. *Mevlana* significa "amado mestre". Essa palavra é usada apenas para Jalaluddin Rumi e para mais ninguém. Em 1.200 anos no mundo sufi nunca existiu um ser humano mais encantador, mais belo, mais amoroso do que Jalaluddin Rumi.

Mas até os discípulos esqueceram que seu mestre havia morrido. Correram e tiraram o livro de baixo do travesseiro, olharam dentro dele e ficaram estupefatos – o livro estava absolutamente vazio! Não havia nada a ser lido. Mas aqueles que eram devotos muito próximos e íntimos entenderam o significado.

As palavras têm de ser abandonadas.

Só então é possível haver silêncio.

Todo o ensinamento do livro era ser silente. Primeiro abra mão das palavras, depois dos sons, e então restará um vazio, um nada, apenas um espaço puro. É nessa pureza que se resume a meditação. Por 1.200 anos o livro não foi publicado porque nenhum editor estava preparado para publicá-lo. Obviamente o editor questionava: não há nada a ser publicado! Finalmente, um mestre sufi o publicou por conta própria. Agora ele está disponível... mas trata-se apenas de páginas vazias. Ele se chama *O livro dos livros*.

Mova-se do som para o silêncio.

Dessa maneira você não vai se tornar sério e morto como seus santos.

Eu soube que um homem certa vez disse ao Dr. Johnson: "O senhor é um filósofo, Dr. Johnson. Na minha época eu também tentei ser um filósofo, mas não soube como me tornar um. Sabe, a jovialidade estava sempre se interpondo".

Você não pode ser um filósofo e manter sua jovialidade. É melhor abandonar toda a filosofia e abrir todos os brotos da sua jovialidade. Cante como os pássaros. Toque seu violão, mas lembre-se de que a *gestalt* deve estar nos silêncios. Dance até o abandono e você estará se aproximando cada vez mais da realidade, porque a realidade é muito festiva. É um festival de luzes, todo santo dia.

Simplesmente observe a natureza e ficará surpreso. O que têm essas pobres árvores? Não têm conta no banco, não têm casa para morar, não têm roupas para esconder sua nudez. Mas simplesmente observe a jovialidade delas; observe suas flores, sua fragrância. Elas não têm posses, mas têm a si mesmas. Você pode possuir muitas coisas, mas não tem a si mesmo.

Você é uma casa repleta de coisas, mas está faltando o mestre. Acorde o mestre. Fique mais alerta, consciente, receptivo, e virá a conhecer os enormes mistérios que o cercam. Quando uma pessoa se percebe cercada por mistérios, uma profunda gratidão surge em seu coração. Essa gratidão é a única oração autêntica. Todas as outras orações são falsas, fabricadas pelo homem. Só a gratidão que surge espontaneamente não é fabricada por você. É um acontecimento parecido com o amor. E, quando ela começa a acontecer, começa a ficar cada vez mais ampla, maior. Logo começa a alcançar as estrelas distantes. Toda a sua vida se torna nada além de uma oração. Suas ações se tornam uma oração, seu descanso se torna uma oração, seu trabalho se torna uma oração, seu sono se torna uma oração, você se torna uma oração. Não é algo que você faça em uma igreja ou em um templo. É algo que está presente onde quer que você esteja.

Ninguém jamais ouviu falar de algum filósofo que tenha chegado a uma conclusão. Ninguém jamais ouviu falar de algum filósofo ter se tornado iluminado, autorrealizado. Isso é tão inusitado como alguém algum dia ter se queixado de um paraquedas não abrir. Os filósofos são as pessoas mais desorientadas da terra, e segui-los é como seguir pessoas cegas. Encontre alguém que veja, alguém que possa ver, que experiencie, alguém cujo coração dance com o vento, com a chuva, com o sol, cujo ser mais profundo tenha alcançado uma sincronia com tudo o que o cerca, desde a folha de grama mais ínfima até a maior estrela do mundo. Ele está em sintonia com tudo. Ele não é mais um forasteiro; é um iniciado.

O filósofo é um forasteiro. Ele fica distante e pensa sobre as coisas. O místico dá um salto para a existência e se torna um iniciado; não tem necessidade de pensar. Ele sente o sabor, a fragrância, ele vê, ele ama, ele vive.

A verdade tem de ser vivida, não conhecida. A vida tem de ser espremida até a última gota de suco. Não é algo a ser contemplado – beba-a.

As últimas palavras de Jesus aos seus discípulos são importantes. A última ceia, a última vez em que Jesus comeu e bebeu com seus discípulos antes de ser capturado e levado para a prisão... Ele estava consciente de que seria preso; corriam rumores em toda parte. Ele estava consciente de que era possível que fosse crucificado. Então, após a ceia, falou algumas palavras aos discípulos: "Talvez eu não consiga vê-los de novo. Lembrem-se de uma coisa: vocês não estiveram comigo para ouvir o que eu digo; estiveram comigo para me comer, para me beber, para viver comigo. Eu posso partir, mas vocês podem continuar a me beber".

Uma vez que você conhece o segredo do beber, do comer e do absorver, toda a existência está disponível. O mestre é apenas uma pequena janela para o universo. Uma vez que chega até o mestre, a janela desaparece, e você está diante de toda a existência. A moldura da janela não deve se tornar importante. É isso que tem acontecido a milhões de pessoas: a moldura da janela está sendo adorada; ninguém está olhando para o que está além da janela.

A janela é apenas um convite para ver além dela, mas as pessoas vivem adorando as janelas; alguém está adorando Buda, alguém está adorando Jesus, alguém está adorando Ramakrishna. Todos eles são janelas, mas não estão aí para serem adorados, estão aí para serem transcendidos. Eles lhe dão a visão, a *philosia*. Então, deixe-os para trás e prossiga se movendo na direção da existência o mais profundamente possível. E isso só é possível no silêncio.

Deixe que a sua música lentamente se torne cada vez mais próxima da meditação. A filosofia é uma espécie de doença – muito perigosa, quase incurável. Eu gostaria que você não fosse um filósofo, mas um dançarino, um cantor, um flautista, porque estes estão muito próximos do meu mundo de meditação.

Minha ênfase está em aumentar sua jovialidade, seu riso, porque este mundo não é para o infeliz. Este mundo não é para as pessoas que se tornaram muito acostumadas com a ansiedade e com a angústia. Este mundo pertence àqueles que vivem momento a momento em absoluto êxtase. A jovialidade, a não seriedade, um senso de humor são, para mim, as qualidades fundamentais de um ser religioso.

Solomon Rabinowitz foi ao seu médico para fazer um check-up. O médico disse, "Para um homem de 87 anos você está muito bem. Por que fazer um check-up?"

Solly explicou que ia se casar com uma garota de 20 anos. Ele não seria dissuadido, e então o conselho final do médico foi: "Então, se você espera um casamento frutífero. arranje também um inquilino".

Quando eles se encontraram de novo após oito meses, o velho disse: "Parabenize-me, doutor, minha esposa está grávida".

O doutor fez uma pausa, depois disse: "Ah, sim, então você aceitou o meu conselho e também arranjou um inquilino?".

"É claro", sorriu Solly através de suas gengivas sem dentes. "Ela também está grávida."

Simplesmente permaneça alegre.

A existência ama a alegria mais do que tudo.

Gorbachev e Ronald Reagan estão viajando juntos em um avião, quando Reagan diz: "Se eu jogar uma nota de um dólar para fora do avião farei alguém feliz".

"OK", diz Gorbachev, "mas se eu jogar uma nota de cem rublos farei cem pessoas felizes."

"Nesse caso", diz Reagan, "vou jogar um milhão de dólares e fazer um milhão de pessoas felizes."

"Vá em frente", diz Gorbachev, "e então eu jogo você do avião e faço o mundo inteiro feliz."

Aconteceu em um tribunal de divórcio. O juiz perguntou ao marido: "Então, você não fala com sua esposa há três anos – por quê?"

O marido respondeu: "Eu não quis interrompê-la".

O padre estava visitando a jovem viúva que havia acabado de se mudar para sua paróquia. Depois de conversar com ela durante algum tempo, ele ergueu uma sobrancelha e disse: "Então, deixe-me entender isso direito. Você disse que tem um filho de dois anos e outro de três, e disse também que seu marido morreu há sete anos."

"Sim", disse a mulher, "mas eu não morri".

Um filósofo torna-se fechado dentro de si mesmo. Ele perde o contato com os pássaros. Você tem ouvido os pássaros? Sem propósito algum, só por pura alegria, só por estar vivo... Ninguém lhes pediu que cantassem. O canto vem de uma fonte interior de alegria. Ninguém pediu às árvores que dessem flores tão coloridas e tão fragrantes. Mas a árvore, apenas por gratidão à existência, produz todas essas belas flores – uma prece silenciosa e uma bela oferenda.

Um homem permanece infeliz quando se torna fechado dentro da própria mente e prossegue fazendo castelos de areia – palavras, teorias, hipóteses. Ele perde o contato com a existência. E perder o contato com a existência é estar quase morto antes que a morte chegue.

É quase como se a média das pessoas morresse aos 30 anos e fosse enterrada aos 70. Durante 40 anos, o que elas ficaram fazendo aqui? Apenas se arrastando na direção do túmulo. Essas pessoas vão às igrejas, vão aos templos, vão às mesquitas, vão às sinagogas, e por causa desses cadáveres todas as sinagogas, todas as igrejas, todos os templos se tornaram completamente tristes e sérios.

Mas a existência integral não é séria. Para mim, o único templo autêntico é a existência. Aprenda com ela. Você não precisa se tornar um filósofo, não precisa se tornar um santo. Não precisa se tornar um sábio. É perfeitamente bom permanecer o contrário! O chamado sábio tem torturado tanto a humanidade que agora a minha preferência é pelo contrário.

Seja mais humano. Não traia a terra. Seja mais apaixonado pela terra e pelos tesouros que a terra lhe proporciona. Ela é o nosso lar. Nós não estamos aqui para renunciar, estamos aqui para rejubilar. Queremos participar da dança da existência.

Meu povo não é contra a vida; meu povo é afirmativo da vida. Sem vida não há Deus. E a vida não é algo para ser pensado, é algo para ser dançado, amado, celebrado.

Um francês estava passando o fim de semana em uma casa de campo inglesa e ficou atraído por uma bela moça da sociedade; sem muita dificuldade, a seduziu. Vários meses depois eles se encontraram por acaso em um baile muito seleto da sociedade. Ele deu um passo à frente com a mão estendida, mas ela passou direto por ele sem demonstrar reconhecê-lo. Assim que pôde, o francês a abordou e disse: "Certamente você se lembra de mim".

"É claro que me lembro, rapaz, mas você não vai supor que na Inglaterra uma brincadeira de uma noite signifique que tenhamos sido apresentados."

A vida é tão hilária que ser sério é estar desnecessariamente doente. Uma saúde psicológica, uma sanidade espiritual, uma possibilidade de lembrar que você não está aqui para estar morto, que tem de viver a vida na sua totalidade, com intensidade, queimar sua tocha de vida de ambos os lados, simultaneamente. Essa é a única *philosia* autêntica.

Mas não seja um filósofo; esse é o pecado original do homem. Eu me coloco contra todas as filosofias porque todas as filosofias são venenosas. Elas envenenam suas possibilidades de humor, de brincadeira, de leveza e alegria. Elas destroem suas canções. Elas o tornam aleijado e o impedem de dançar. Todos esses filósofos de cara séria já dominaram tempo demais a humanidade. Chegou o momento da sua dominação ser completamente erradicada.

Uma nova era dos místicos está batendo à sua porta. Escute atentamente e abra suas portas.

3
Movendo-se rumo ao desconhecido

A busca é um risco. É mover-se rumo ao desconhecido.
Não se sabe o que vai acontecer.

A pessoa deixa tudo aquilo com que estava acostumada e com que se sentia à vontade e se move na direção do desconhecido, nem mesmo perfeitamente certa de que há alguma coisa na outra margem, ou se há sequer outra margem.

Então, as pessoas se apegam ao teísmo, ou aquelas que são um pouco mais fortes – os intelectuais, a *intelligentsia* – se apegam ao ateísmo. Mas ambos são fugas da dúvida. E fugir da dúvida é fugir da investigação – porque o que é a dúvida? É apenas uma interrogação. Não é sua inimiga. É simplesmente uma interrogação dentro de você que o prepara para investigar.

A dúvida é sua amiga.

Não é essencial as pessoas terem algo em que acreditar? Por que você está tentando destruir todas as nossas ideias anteriores sobre religião?

Não há outra maneira de ser religioso. Tudo o que vocês têm ouvido sobre religião, lido sobre religião, tem de ser totalmente descartado. A menos que estejam limpos, sem nada escrito na sua consciência, jamais saberão o que é religião. As chamadas religiões estão fazendo justamente o contrário. E vocês podem ver o resultado.

O mundo todo está dividido em religiões; alguém vai à sinagoga, alguém vai ao templo, outro alguém vai à igreja. Mas vocês encontram alguma religiosidade em algum lugar?

Toda criança é criada e condicionada em uma determinada religião. Esse é um dos maiores crimes contra a humanidade. Nada pode ser um crime maior do que poluir a mente de uma criança inocente com ideias que vão se tornar impedimentos em sua descoberta da vida. No momento em que alguém quer descobrir algo, tem de estar absolutamente desprovido de preconceitos. É impossível descobrir a religião sendo um muçulmano, um cristão ou um hindu. Não. Essas são as maneiras de evitar que uma pessoa descubra a religião.

Até agora, toda sociedade tem tentado doutrinar toda criança. Antes de a criança se tornar capaz de fazer perguntas, ela já está recebendo respostas. Vocês veem a estupidez disso? A criança ainda não fez a pergunta e já lhe está sendo proporcionada uma resposta. E, a menos que ela formule a sua própria pergunta, como pode obter sua própria resposta? A busca tem de ser sinceramente dela. Não pode ser emprestada, não pode ser herdada.

Mas esse absurdo tem perdurado séculos. O padre está interessado, o político está interessado, os pais estão interessados em fazer algo de você antes que você possa descobrir quem você é. Eles temem que, se você descobrir quem é, será um rebelde, será perigoso para os interesses estabelecidos. E então você será um indivíduo vivendo em seu direito próprio e não vivendo uma vida emprestada.

Eles têm tanto medo disso que, antes de a criança se tornar capaz de perguntar, de inquirir, já começam a encher sua mente com todos os tipos de absurdo. A criança é indefesa. Ela naturalmente acredita na mãe, no pai e, é claro, acredita no sacerdote em quem seu pai e sua mãe acreditam. O grande fenômeno da dúvida ainda não surgiu. E essa é uma das coisas mais preciosas na vida, duvidar, porque, a menos que você duvide, não poderá descobrir.

Você tem de aguçar o potencial para duvidar, para que você possa transpor todas as bobagens e formular perguntas que ninguém pode responder. Só sua própria busca, sua própria indagação, vai lhe ajudar a chegar ao seu entendimento.

A indagação religiosa não é algo que possa ser respondido por outra pessoa. Ninguém pode amar em nome de outro. A pessoa tem de viver a sua vida e tem de procurar e buscar as questões fundamentais da vida. E, a menos que ela mesma descubra, não haverá alegria nem êxtase. Se Deus for simplesmente dado a ela, já pronto, ele não vale nada, é inútil. Mas é assim que vem sendo feito.

O que vocês chamam de ideias religiosas não são religiosas, mas apenas superstições carregadas pelo tempo – por tanto tempo que apenas sua antiguidade as fez parecerem verdades.

Adolf Hitler, em sua autobiografia, *Mein Kampf*, faz muitas afirmações importantes. Esse homem era louco, mas às vezes as pessoas loucas dizem coisas que as pessoas sãs têm medo de dizer. Uma de suas declarações mais importantes foi: "Qualquer mentira pode se tornar verdade se repetida com frequência, enfatizada repetidamente, dita por todos em todos os cantos". Vocês vão para a escola e escutam sobre Deus e a oração. Em casa vocês escutam sobre Deus e a oração. Vão para o templo e escutam sobre Deus e a oração. São tantas as pessoas falando... e apenas uma criança pequena contra toda essa multidão.

Para ela fica impossível duvidar – será que todas essas pessoas estão erradas? E essas não são as únicas pessoas. Seus pais, e os pais deles, por milhares de anos, têm acreditado nessas verdades. Todos eles não podem estar errados, "e eu, uma criança pequena contra toda essa humanidade..." Ela não consegue reunir coragem. Começa a reprimir qualquer possibilidade de dúvida. E todos os demais ajudam a reprimir a dúvida, porque "a dúvida vem do demônio. A dúvida é um grande – talvez o maior – pecado. A crença é virtude. Acreditem e vocês vão encontrar; duvidem e terão perdido já no primeiro passo".

A verdade é justamente o oposto. Acreditem e jamais encontrarão, e qualquer coisa que encontrem não será nada senão a projeção da sua própria crença – não será a verdade. O que a verdade tem a ver com a sua crença? Duvidem, e duvidem totalmente, porque duvidar é um processo de limpeza. A dúvida tira todo o lixo de sua mente. Ela os torna novamente inocentes, novamente as crianças antes de terem sido destruídas pelos pais, pelos sacerdotes, pelos políticos, pelos pedagogos. Vocês têm de descobrir de novo essa criança. Têm de começar a partir daí. Por isso, todo o meu esforço aqui é destruir todas as suas chamadas ideias religiosas.

Isso vai machucá-los, porque essas ideias religiosas tornaram-se tão íntimas suas que vocês já esqueceram que não são descobertas suas, que não são experiências suas. Vocês não as viveram, nem sequer as amaram. Outras pessoas os obrigaram a acreditar nelas, e quem quer que tenha feito isso cometeu um ato desumano contra vocês.

Não estou dizendo que essas pessoas fazem isso conscientemente. Elas próprias foram vítimas do mesmo processo; os pais delas fizeram isso com elas, os professores fizeram isso com elas. Então, não estou dizendo para vocês começarem a sentir raiva delas. Elas fizeram isso pensando que era o melhor para vocês... mas só o pensar delas não vai fazer qualquer coisa se tornar boa – apenas porque elas pensavam. Elas estavam tentando ajudá-los. Mas há coisas nas quais uma pessoa deve ser deixada sozinha; só assim ela pode descobrir. Se você tentar ajudá-la, estará debilitando-a.

Não tente forçar uma pessoa a receber a sua ajuda enquanto ela puder se conduzir sozinha. Não force uma pessoa a ver através dos seus olhos quando ela tem seus próprios olhos. E, por favor, não coloque seus óculos nos olhos de ninguém; seus graus são diferentes. Você tornará a pessoa cega, distorcerá sua visão. Mas não somente óculos estão sendo colocados em você, as pessoas estão colocando os próprios olhos sobre os seus... e estão fazendo tudo para o seu bem, por amor a você. E, após 20 anos, 30 anos de condicionamento contínuo, você começa a esquecer que, afinal, você mesmo não questionou.

Lembro-me de uma pessoa muito criativa, Gertrude Stein. Ela estava morrendo; seus amigos estavam à sua volta. De repente, ela abriu os olhos e perguntou: "Qual é a resposta?" E os amigos ficaram confusos. Será que ela havia enlouquecido diante da morte? Será que havia perdido a razão? Que tipo de coisa ela estava perguntando? "Qual é a resposta?"

Um deles disse: "Mas você não fez a pergunta, então como podemos dizer qual é a resposta?"

Então ela disse: "Está certo. Então, digam-me, qual é a pergunta?" E então morreu.

Para mim, isso é de uma enorme importância. Está relacionado a quase todo ser humano. Vocês se esqueceram de que não fizeram a pergunta, e a resposta já foi imposta a vocês. E é claro que isso é um simples processo de condicionamento; continuar dizendo às pessoas, continuar dizendo às pessoas a mesma coisa repetidamente. Logo a pessoa começa a repeti-la como um disco. E a pessoa se esqueceu de que nunca havia feito a pergunta.

Talvez, no fim, Stein tenha descoberto sua nova infância. Isso acontece com muitas pessoas quando estão morrendo. O círculo se fecha, elas voltam ao mesmo ponto de onde começaram. Então ela pergunta qual é a resposta, porque somente respostas lhe foram dadas. Ninguém se importou com a pergunta. E agora, em seu último momento, alguém pergunta: "Mas primeiro nos diga qual é a pergunta" – ela se torna consciente... mas agora é tarde demais. E as respostas foram tantas, tão pesadas, tal carga sobre o ser, que agora formular uma questão autêntica também se torna impossível. Então ela pergunta: "Tudo bem, mas, se uma pergunta é necessária, então eu lhes pergunto: 'Qual é a pergunta?'".

Para mim, esse pequeno incidente é imensamente importante. É a vida de todo mundo. Vocês falam sobre Deus, falam sobre a alma, falam sobre o céu e o inferno, mas, algum dia, pensaram se isso são perguntas? E vocês estão realmente interessados em Deus? Que interesse podem ter em Deus? Por que razão vocês fizeram Deus se tornar a sua busca?

Eu nasci em uma família jainista. No jainismo, não se acredita em Deus; não existe Deus como criador. Porque o condicionamento do jainismo não impõe a ideia de Deus em suas crianças; nenhuma criança jainista e nenhum velho jainista jamais pergunta quem criou o mundo. Porque eles foram condicionados, desde o início, a pensar que o mundo existe de eternidade para eternidade; não há nenhum criador, e não há necessidade disso. Por isso não surge a pergunta.

O budista jamais pergunta o que é Deus ou onde está Deus, porque o budismo não acredita em Deus – e então as crianças foram condicionadas dessa maneira. Quando vocês perguntam sobre Deus, vocês acham que essa é a sua pergunta – não é. Vocês podem ter nascido em uma família hindu, em uma família cristã, em uma família judia, e elas condicionaram a sua mente para a existência de um Deus. Elas lhes deram certa imagem de Deus, algumas ideias sobre Deus. E criaram vocês com tanto medo que duvidar passou a ser perigoso.

Uma criança, desde muito pequena, é condicionada a temer o inferno eterno onde vocês serão lançados vivos ao fogo e irão arder nele, mas não morrerão. Naturalmente, a dúvida não parece ser tão importante para que se corra tal risco. E vocês são motivados para o fato de que, se acreditarem, simplesmente acreditarem, todos os prazeres, todas as alegrias da vida serão seus. Acreditem e estarão do lado de Deus; duvidem e estarão do lado do demônio.

A criança está fadada a comprar qualquer bobagem que vocês estejam lhe dando. Ela tem medo. Tem medo de ficar sozinha à noite, em casa, e vocês ficam lhe falando sobre o inferno eterno: "Você vai ficar caindo cada vez mais na escuridão e na escuridão mais profunda, e não há fim para isso, e você nunca vai conseguir sair disso". Como é natural, a criança simplesmente recua da dúvida, fica com medo: isso não vale a pena. E a crença é tão simples. Nada é esperado da pessoa – apenas que ela acredite em Deus, no filho, no Espírito Santo... apenas que acredite que Jesus é o filho de Deus, e o messias ... e que ele veio para salvar toda a humanidade ... e ele vai salvá-la também.

Por que não ser salva por um preço tão baixo? Não lhe pedem muito. Apenas que acredite, e tudo será disposto em seu favor. Então, por que deveria optar pela dúvida? Ela deve naturalmente escolher a crença. E isso acontece quando a criança ainda é tão pequena – e aí ela continua crescendo, e a crença, o condicionamento, as ideias e a filosofia ficam todos acima da dúvida – que é muito difícil escavar e descobrir que houve um dia em que ela também estava repleta de dúvidas. Mas a dúvida foi esmagada, colocada fora do alcance de sua vista. Houve um dia em que ela esteve relutante a acreditar, mas foi persuadida. Todos os tipos de recompensa foram colocados diante dela.

Vocês podem persuadir uma criança apenas lhe dando um brinquedo – e vocês lhe deram todo o paraíso. Se obtiveram sucesso em persuadi-la a acreditar, não realizaram um grande milagre. Isso foi simples exploração. Talvez o tenham feito inconscientemente; vocês também passaram pelo mesmo processo. E, quando fecharam as portas da dúvida, fecharam também as portas da razão, do pensamento, do questionamento. Vocês na verdade não são mais seres humanos. As portas da dúvida os fecharam, e vocês são apenas zumbis, hipnotizados, condicionados; persuadidos pelo medo, pela cobiça, a acreditar em coisas que nenhuma criança acreditaria se todas essas coisas não tivessem sido arranjadas para isso. E quando você para de duvidar e de pensar, então consegue acreditar em qualquer coisa. Então não há questionamento.

Os políticos querem isso, porque, se vocês forem crentes em determinada religião, serão crédulos. Isso mostra sua ingenuidade. Isso é indicação suficiente. Se vão à igreja, isso é indicação suficiente de que não são pessoas que pensam, que questionam, que argumentam, que não aceitarão qualquer coisa a menos que ela seja provada de maneira lógica, racional, científica. Vocês vão à sinagoga, vão à mesquita – e o político fica feliz. Ele quer que todos vão à sinagoga, à mesquita, à igreja ... não importa aonde vão, mas que vão – porque todas elas fazem a mesma coisa.

A estrutura básica, a estratégia, não é diferente. Hindu, muçulmano, cristão, judeu, não importa, porque a estratégia é exatamente a mesma: fechar completamente as portas da dúvida, não aproveitar nenhuma oportunidade, não deixar nenhuma interrogação nas pessoas, e encher a mente delas com todos os tipos de crença. Se vocês observarem as crenças vão ficar surpresos. As pessoas têm acreditado em qualquer bobagem.

Se vocês forem jainistas, acreditarão em todas as bobagens dos jainistas – questionar simplesmente não passa pelas cabeça deles. Meu avô me amava muito pelo simples fato de eu ser travesso. Mesmo em sua idade avançada ele era travesso, e por isso tínhamos uma boa amizade. Ele costumava me levar até os monges jainistas apenas para criar um distúrbio lá. Ele se divertia muito com isso. Não dizia nada porque era um velho, um cidadão respeitado, mas sabia que, se eu fosse lá, isso seria suficiente. Ele se sentava como se estivesse a favor dos monges, mas me dava indicações: "Pode começar... este é um bom momento".

Ora, os jainistas não acreditam em um Deus criador, e, portanto, você não pode fazer nenhuma pergunta sobre Deus. Não há pergunta, não há Deus. Mas então eles têm de acreditar em outras coisas. Eles acreditam nas almas. Eu costumava lhes perguntar: "Quantas almas há no mundo? Elas estão aumentando, diminuindo ou continuando as mesmas?"

Ora, o monge jainista não pode dizer que elas estão aumentando, porque de onde...? Quem as está criando? Não há criador. Nenhuma criação está acontecendo. Elas não podem diminuir, porque, então, para onde elas irão? Elas não podem sair do universo, porque, onde quer que vão, será o universo. E ele não pode dizer que elas continuam as mesmas, embora essa fosse a resposta dada nas escrituras dos jainistas, que o número de almas permanece o mesmo.

Mas isso não era fácil comigo, porque então a questão era: "Quantas? Se você sabe que elas continuam as mesmas, deve saber o número exato; do contrário, em que se baseia para dizer que permanecem exatamente as mesmas? Uma pode ter emergido; uma pode ter escapado. Você tem de me dar o número exato". Ora, o número não é apresentado nas escrituras, e eles não podem dar o número pela simples razão de que na terra a população tem aumentado. Há cada vez mais pessoas, mais e mais pessoas. E os jainistas acreditam que tudo tem uma alma: uma árvore, um pássaro, um peixe – todos têm alma. "Se você sabe tanto sobre almas, por que não sabe o número delas? E você diz que Mahavira era onisciente: que ele sabia tudo. Ele não podia lhes ter dito o número exato? O problema teria ficado resolvido para sempre."

O monge perdia a paciência, gostaria que eu calasse a boca. Mas eu dizia: "Ninguém pode me fazer calar. Ou vocês respondem ou reconhecem o fato de que não sabem a resposta. Ou satisfaçam o meu questionamento ou simplesmente digam: 'Sinto muito, mas eu não sei a resposta'. Então pelo menos sejam sinceros consigo mesmos. Vocês pregam a verdade. Não conseguem dizer 'eu não sei o número exato'?". Mas isso eles também não podiam dizer, porque poria em dúvida a onisciência de Mahavira... por que ele deixou escapar esse ponto que é significativo?

Os jainistas acreditam na jornada eterna de uma alma. Se você realiza bons carmas, continuará se tornando melhor – ou seja, vai atingir estágios mais elevados. Então eles dividiram as coisas: a árvore tem apenas uma vida unidimensional, a aranha tem uma vida bidimensional, o pássaro tem uma vida tridimensional, o tigre tem uma vida quadridimensional, o homem tem uma vida pentadimensional. E o homem é a mais alta evolução da consciência.

Eu costumava perguntar-lhes: "Quando um homem morre, ele nasce de novo como um homem ou pode também nascer como uma mulher? Ele sempre nasce no mundo humano ou pode nascer como uma árvore, como um pássaro, como um cavalo ou como qualquer outra coisa?" Ora, os jainistas acreditam que, se seus carmas são muito ruins, você pode retroceder; você pode se tornar um cão, pode se tornar um peixe, pode se tornar um gato, pode se tornar uma árvore.

Eu costumava perguntar a esses monges: "Vocês já depararam com alguma evidência factual de alguém se lembrar de que em sua vida passada tenha sido uma árvore, um tigre, um cão? Vocês se lembram do que foram na sua vida passada? E falem a verdade, porque estão sentados no templo de Mahavira, no templo da verdade. Se vocês disserem qualquer coisa que não seja verdade, lembrem-se... do inferno eterno. Então, se vocês não sabem, simplesmente digam: 'Não sabemos'.".

E na Índia isso é a coisa mais difícil para um monge, um mahatma, que é adorado por milhares e milhares de pessoas, falar "eu não sei" sobre qualquer coisa. E eu deixava isso claro: "Se você mentir, lembre-se, você vai retroceder. A estátua de Mahavira está aí atrás de você, uma testemunha. E este templo ..." E aquelas pessoas, é claro, sacrificaram tudo e, por isso, fecharam completamente as portas da dúvida. Elas acreditam que mentir no templo diante de Mahavira é perigoso. Assim, não podem mentir, não podem dizer que experienciaram alguma coisa, ou que encontraram alguém... Seria simplesmente ridículo.

Os jainistas têm uma teoria... porque tinham de explicar, o próprio Mahavira tinha de explicar, por que a população estava continuamente aumentando – de onde estão vindo essas almas? Os animais estão aumentando, a vida em todas as formas está aumentando; então, de onde estão vindo essas almas? Então Mahavira tinha uma hipótese. Ele a chamava de *nigod*. *Nigod* significa que há um útero escuro do universo, infinito, repleto de infinitas almas potenciais. Então, quando uma alma chega ao ponto a partir do qual ela pode crescer, ela vem do *nigod*. Ora, observem a astúcia dessa coisa toda. Ele o torna infinito porque, se torná-lo finito, então logo ele estará vazio. E o problema ressurgirá. De onde? Agora o útero está vazio – então ele o torna infinito.

Mas ele se esquece de que sempre haverá pessoas como eu. É claro que eu não estive diante dele; caso contrário, as coisas teriam ficado imediatamente claras desde então, porque, na existência, duas coisas não podem ser infinitas. Isso é matemática simples. Na existência, só uma coisa pode ser infinita: o universo. Se ele é infinito, então nenhuma coisa pode ser infinita, porque dois infinitos tornariam um ao outro finito; seus limites se encontrariam. Em algum lugar eles se uniriam e haveria um limite, e esse limite seria a finitude.

Eu não estive lá diante de Mahavira, mas podia torturar esses monges jainistas: "Se o *nigod* é infinito e você diz que o universo é infinito – então acredita em dois infinitos? Isso é matematicamente possível? Geometricamente possível?" Era difícil. Dois infinitos não são possíveis. Qualquer pessoa que tenha qualquer noção de matemática pode entender que dois finitos são perfeitamente possíveis, cem finitos são perfeitamente possíveis, mas dois infinitos? Impossível! Só um pode ser infinito. O outro vai se tornar o limite. Em algum lugar, há milhões de anos-luz... mas isso não importa; o limite é o limite.

E eu costumava perguntar àqueles monges jainistas: "De onde essas almas vieram para o *nigod*? De repente, elas estão ali, sem razão alguma. Por quê? Como conseguiram entrar nele?" Toda religião, basicamente, com certeza enfrenta as mesmas dificuldades. Quando surgem questões fundamentais, toda religião é tola. Se você não perguntar as coisas fundamentais, as religiões são muito hábeis ao responder suas dúvidas. Mas, quando as coisas fundamentais vêm à tona, elas são todas inventadas.

De onde veio esse *nigod*, esse útero universal e infinito? E de onde vieram as almas que entraram nele? E os monges respondiam: "Elas estão simplesmente ali". Mas isso não é uma resposta. Que má ação elas cometeram? Elas nunca saíram dali, então não há nenhuma possibilidade de terem cometido uma ação, boa ou má. Então por que estão sofrendo no *nigod*? E que maior sofrimento pode haver do que estar naquele buraco escuro? Por milhões e milhões de anos elas estão lá. Por que estão sofrendo?

Elas não cometeram... Eles não podem aceitar que elas tenham cometido nada de ruim, nenhuma maldade – porque, para cometê-lo, primeiro é preciso estar no universo. Para agir, é preciso existir. Elas estão apenas potencialmente lá. Não estão realmente lá, são apenas sementes. Então, como podem existir frutos amargos ou frutos doces de sementes que nunca brotaram? E os monges não nos mostram a razão por que elas não brotaram.

Então, de repente, algumas almas tornam-se maduras... Qual é a aritmética disso? Quem se torna maduro primeiro, e por quê? Deve haver alguma razão de essas almas A, B e C terem se tornado maduras hoje, e amanhã X, Y, Z se tornarem maduras – mas por que hoje A, B e C e não M? Elas são todas similares. Ou os monges reconhecem algumas diferenças entre elas? Eles não podem reconhecer nenhuma diferença, porque, para ser diferente, uma coisa tem de ser real. Se ela é apenas potencial, não pode haver nenhuma diferença.

Aqueles monges jainistas transpiravam e diziam: "Sempre que você vem aqui...! Você é um garoto estranho. Ninguém faz essas perguntas. Estive viajando por toda a Índia, mas sempre que entro na sua aldeia sinto certo medo... de que você venha até mim. E eu digo ao seu avô: 'Não traga esse garoto'. Mas ele também é um homem estranho; ele nunca vem sozinho, sempre traz você."

Um monge então tentou um truque. Ele daria suas palestras no horário escolar, quando eu estaria na escola. Mas meu avô não seria enganado. Ele ia até a escola e dizia ao diretor: "Eu preciso dele urgentemente hoje".

Eu chegava lá, e o monge dizia: "As aulas terminaram mais cedo hoje?"

E eu respondia: "Não. Meu avô me trouxe aqui para a sua bênção. Ele nunca me abandona. É tão religioso que quer que eu seja abençoado pelo senhor. Podemos começar agora?"

Se vocês derem liberdade a toda criança, elas poderão fazer seus papas, seus imans e seus monges parecerem absolutamente tolos. Poderão colocá-los na categoria de idiotas. Apenas suas crianças... nada mais é necessário, se vocês lhes permitirem duvidar. Mas elas não têm permissão para duvidar. E, quando uma pessoa fica acostumada com uma crença, esta lentamente envenena todo o seu ser. Então, se alguém ataca a sua crença, ela sente como se estivessem atacando a ela própria diretamente.

Essa tem sido a minha inquietação. Toda a minha vida eu venho atacando. A menos que eu ataque seu sistema de crenças ou sua ideologia, não lhes serei de nenhuma ajuda; não poderei compartilhar com vocês. Existe uma parede, uma grossa parede. Eu posso continuar gritando e vocês não irão me ouvir. Tenho de bater continuamente na parede, martelá-la, pelo menos fazer um buraco nela para poder vê-los, para vocês poderem me ver frente a frente. E eu posso reviver o que foi tirado de vocês. Posso lhes devolver sua infância inocente. E só a partir daí terá início uma busca real pela verdade. Só a partir daí a religião será possível; do contrário, vocês poderão apenas ficar falando sobre religião.

Portanto, é verdade. Eu, com certeza, quero que vocês se tornem completamente livres de todos os jargões que lhes foram impostos pelos outros. E eu não vou lhes dar nenhum jargão. Então, tentem entender minha posição diferente.

Por isso eu digo que esta é a primeira religião do mundo.

Se você mudar sua religião do hinduísmo para o cristianismo, ou do cristianismo para o islamismo, ou deste para o hinduísmo, nada estará mudando. Vocês estarão apenas mudando as palavras superficiais, talvez no máximo mudando as roupas; nem mesmo suas peles serão tocadas. Vocês continuarão sendo as mesmas pessoas. É claro que terão um novo conjunto de crenças em vez do antigo conjunto de crenças. Vocês podem ter ficado cansados daquele antigo conjunto de crenças. Ele não estava levando vocês para lugar nenhum. Talvez... se o cristianismo não funcionar, talvez o hinduísmo possa funcionar, ou o islamismo possa funcionar.

Não, eu não estou lhes dando um novo conjunto de dogmas, crenças, credos, ideologias – absolutamente não. Minha função é totalmente diferente. Minha função é extrair o que quer que vocês tenham e não lhes dar nada em seu lugar... porque, se eu tirar uma pedra e colocar outra em seu lugar, posso ser ainda mais perigoso do que o homem que colocou a primeira pedra, porque a primeira pedra estava ficando velha e vocês estavam ficando cansados dela, e ela não estava lhes dando nenhum alimento. Era uma pedra – que alimento ela poderia lhes dar? Vocês estavam carregando o peso dela e, pouco a pouco, podem ter tomado consciência de que era melhor jogar fora aquela pedra. Mas com a nova pedra tem início uma nova lua de mel. Vocês começam a pensar que talvez aquela seja a pedra certa.

Não estou substituindo outro sistema de crenças em você. Sou simplesmente destrutivo. Vocês ficarão surpresos em saber que eu sou simplesmente destrutivo – quero destruir tudo o que lhes foi imposto. E não há necessidade de substituí-lo por outra coisa. A criatividade é o seu potencial intrínseco – não tenho de criá-lo.

Uma vez removidos os obstáculos, vocês começarão a desabrochar e florescer. Começarão a busca por vocês mesmos, e logo ganharão força e um novo poder, porque até mesmo uma pequena descoberta que façam por si sós lhes dará uma felicidade tão imensa que nem podiam concebê-la. Apenas uma pequena descoberta realizada por si sós e vocês se tornarão seres diferentes, porque agora a verdade nasceu dentro de vocês. Pode ser apenas uma semente, mas o início já começou. Vocês vão sentir uma nova excitação, que não será possível se eu lhes der uma crença, um dogma já pronto, uma ideologia. Por isso eu não lhes dou nada, só levo embora aquilo que vocês tinham.

Minha única função é deixá-los em paz consigo mesmos. Vocês não foram deixados em paz por seus pais, por seus professores, por seus rabinos, por seus monges, por seus sacerdotes... vocês não foram deixados entregues a si mesmos. Ninguém confiou em vocês. Eu confio. Eles todos queriam fazer algo de vocês, à própria imagem deles. Eu não quero fazer de vocês algo à minha imagem. Quero que vocês simplesmente floresçam em sua própria autenticidade. Não sei o que isso será, vocês não sabem o que isso será. E é bom que não saibamos, porque assim será uma verdadeira surpresa – como se de repente tivessem descoberto um infinito tesouro.

Confio em vocês. Por isso, não lhes darei nenhuma crença, porque sei que terão a absoluta capacidade de descobrir a vida, o amor, o riso.

Todas as pedras que foram colocadas sobre vocês terão de ser removidas. Não se apeguem a elas. Elas são suas inimigas. Se vocês são judeus, o judaísmo é seu inimigo. Se são cristãos, o cristianismo é seu inimigo. Se são hindus, o hinduísmo é seu inimigo. O que quer que sejam, se aceitaram algo sem buscá-lo, sem procurá-lo, este é seu inimigo. Digam: "Adeus para você". Digam ao inimigo: "Terminei com você. Agora quero ficar só. Quero ficar absolutamente limpo, livre de qualquer carga". E vocês ficarão impressionados: no momento em que ficarem liberados, poderão abrir suas asas para a vasta existência que está esperando por vocês.

Mas vocês não vêm, porque a sinagoga os está segurando, o templo os está segurando, a igreja os está segurando; o padre, o sacerdote, o ministro não vão deixá-los partir. A multidão que está à volta os estão segurando. Ela não deixará que escapem das suas garras. Para ela, é uma questão de política, da política dos números. Ela teme que, se as pessoas começarem a andar por suas próprias pernas, ela venha a perder o seu poder, os seus números. Ela quer vocês ali, para serem usados como números, usados como meios. E, lembre-se, usar qualquer ser humano como um meio para qualquer fim que seja é um dos maiores pecados possíveis. Todo ser humano é um fim em si mesmo.

Meu trabalho aqui é ajudá-los a descobrir suas possibilidades intrínsecas, suas potencialidades, seus objetivos fundamentais – que não estão longe, que estão dentro de vocês. Tudo o que têm a fazer é se livrar daquele lixo que os outros impuseram a vocês.

As pessoas acham que estou realizando o mesmo trabalho que Jesus, Buda, Maomé ou Mahavira fizeram; elas estão absolutamente enganadas. Meu trabalho é simplesmente meu. O que eles estavam fazendo era contra mim, e o que estou fazendo é contra eles. E tem de ficar claro para vocês que eu estarei martelando na cabeça de todas essas pessoas.

Fique alerta. Não se sinta ferido desnecessariamente porque eu tenho de fazer isso, não há outra maneira. Isso é cirúrgico. Tenho de colocá-los na mesa de operação e extrair algumas coisas que não pertencem a vocês. Mas vocês as aceitaram como se fossem membros seus, e não são. Elas os estão aleijando. Estão matando vocês.

Quero extrair tudo o que não for autenticamente de vocês. Tudo... e então virá a explosão.

A visão científica da realidade objetiva e a experiência subjetiva da existência parecem ser duas dimensões completamente separadas, sem nenhuma ponte entre elas. Isso ocorre devido à natureza das coisas ou é apenas uma ilusão da nossa mente?

A abordagem científica da existência e a abordagem religiosa eram, no passado, separadas e irreconciliáveis.

A razão disso foi a insistência das antigas religiões nas superstições, nos sistemas de crença, na negação da indagação e da dúvida. Na verdade, não há nada de irreconciliável entre a ciência e a religião, e também não há separação entre elas. Mas a religião insistiu na crença, e a ciência não pode aceitar isso.

A crença encobre a sua ignorância. Ela nunca lhe revela a verdade; só lhe dá alguns dogmas, credos, e você pode criar uma ilusão de conhecimento através deles. Mas esse conhecimento não é nada exceto uma ilusão.

Qualquer coisa baseada na crença é falsa.

Como as religiões insistiam continuamente na crença, e o método básico da ciência é a dúvida, ocorreu a separação. E elas se tornaram irreconciliáveis. São irreconciliáveis se a religião não surge e enfrenta o desafio da dúvida. Toda a responsabilidade das religiões tem sido manter essas duas como duas.

Em minha opinião, há apenas ciência, com duas dimensões. Uma dimensão aborda a realidade exterior, enquanto a outra aborda a realidade interior. Uma é objetiva e a outra é subjetiva. Seus métodos não são diferentes, suas conclusões não são diferentes. Ambas se iniciam a partir da dúvida.

A dúvida tem sido tão condenada que vocês se esqueceram da sua beleza, se esqueceram da sua riqueza. A criança nasce sem nenhuma crença, mas nasce com uma consciência muito curiosa, indagadora, céptica. A dúvida é natural, a crença é artificial. A crença é imposta pelos pais, pela sociedade, pelos sistemas educacionais, pelas religiões. Todas essas pessoas estão a serviço da ignorância, e há milhares de anos vêm servindo à ignorância. Elas têm mantido a humanidade na escuridão, e há uma razão para isso: se a humanidade está no escuro, não conhece nada da realidade, então ela pode ser facilmente explorada, facilmente escravizada, facilmente enganada, mantida pobre e dependente. Todas essas coisas estão envolvidas.

As antigas religiões não estavam preocupadas com a verdade. Todas falavam sobre ela, mas sua preocupação estava em como manter as pessoas longe da verdade. E até agora elas têm sido bem-sucedidas. Mas agora todas as religiões estão em seus leitos de morte, e, quanto mais cedo elas morrerem, melhor será.

Antes de qualquer coisa, por que você necessita de uma crença? Você não acredita no florescer de uma rosa. Ninguém lhe pergunta: "Você acredita no florescer de uma rosa?" Você simplesmente vai rir e dizer: "Não existe a questão de acreditar ou não; eu sei que a rosa floresce". O conhecimento não requer crença.

Mas o homem cego acredita na luz, tem de acreditar; ele não tem olhos. Vocês ficarão surpresos em saber que o homem cego não apenas acredita na luz, mas também acredita na escuridão. Normalmente, as pessoas acham que um homem cego deve viver na escuridão. Isso não é verdade, porque, para enxergar a escuridão, você precisa de olhos. Sem olhos você não pode enxergar a luz nem pode enxergar a escuridão. A escuridão e a luz não são duas coisas, mas dois polos de uma realidade. Você pode definir a escuridão como menos luz, você pode definir a luz como menos escuridão; a diferença é de grau. Nossos olhos têm certa capacidade – muito limitada. Todos os nossos sentidos são muito limitados. Abaixo desse limite você não consegue ver, acima desse limite você não consegue ver. Por exemplo, neste exato momento milhares de ondas de rádio estão passando, mas você não consegue ouvi-las. Tem de usar um rádio; um mecanismo que é mais sensível que o seu ouvido pode captar esses sons que você não consegue captar. O mesmo acontece com todos os sentidos.

O homem cego é forçado a acreditar na luz, é forçado a acreditar na escuridão. E sua crença o mantém cego. Se não tivessem lhe dado a crença e tivessem lhe dito que ele é cego e que precisa de que seus olhos sejam curados, que ele não precisa de uma filosofia, que ele precisa de um médico, talvez ele fosse capaz de vir a enxergar. E, no momento em que ele visse a luz, a questão da crença não surgiria: agora ele sabe.

Qualquer crença indica a sua ignorância, a sua cegueira, mas lhe proporciona uma sensação falsa – como se você soubesse.

Apenas alguns dias atrás, os líderes dos escoteiros norte-americanos rejeitaram um de seus melhores escoteiros – um garoto de 14 anos de idade, o melhor de todos os escoteiros, vencedor de muitos prêmios. Eles o estavam promovendo a um posto mais elevado, e ele tinha de preencher um formulário.

Esta é uma das crenças básicas dos escoteiros: Deus existe. O menino a refutou. Ele disse: "Eu não sei. E, a menos que eu saiba, como posso dizer que Deus existe? Vocês estão me obrigando a mentir". No século XX, nos Estados Unidos, o garoto foi expulso dos escoteiros porque não acredita em Deus! Não vejo sentido nisso. O que Deus tem a ver com os escoteiros? E por que isso deveria ser fundamental para todo escoteiro?

Espero que os pais da criança levem o caso aos tribunais. E, se não puderem fazê-lo, estamos prontos para levar o caso aos tribunais em defesa da criança, porque isso é simplesmente desumano. Ele era o melhor escoteiro, e apenas uma coisa estúpida... E nesse aspecto também ele está mais certo do que todos os líderes dos escoteiros que criaram sua constituição. Tudo o que ele disse foi: "Eu não sei. Como posso saber se Deus existe ou não? Primeiro eu tenho que saber".

O conhecimento é punido. O questionamento é punido. A escuridão, a cegueira, a obediência são recompensados.

O caso deve ser decidido pela Suprema Corte em favor daquele menino que afirmou o direito nato do homem: questionar e descobrir. E a cláusula sobre Deus deveria ser removida dos princípios dos escoteiros. Em primeiro lugar, Deus não tem nada a ver com os escoteiros. E os escoteiros não têm nada a ver com Deus. Essa é uma hipótese desnecessária imposta às crianças.

Mas por trás de toda esta fachada estão seus políticos, seus líderes religiosos. De uma maneira muito indireta, eles estão impondo às crianças a ideia de Deus. Eles têm medo, têm muito medo da indagação. Por que alguém teria medo da indagação? A resposta é clara. Eles sabem perfeitamente que aquilo é apenas uma crença. Se você inquiri-los em profundidade, não vão encontrar Deus. Se Deus fosse uma realidade, então todas as religiões deveriam insistir na inquirição.

Eu insisto: questionem, meditem, entrem profundamente dentro de si mesmos. Vocês vão encontrar uma realidade tremenda, mas não Deus. Vão encontrar a consciência em seu florescimento fundamental, eterno. Mas não vão encontrar um velho com uma longa barba – e a barba, agora, deve estar realmente longa, com quilômetros de comprimento: há séculos ele está sentado lá. Vocês não encontrarão Deus.

Todas as religiões têm pavor da inquirição – por isso a separação aconteceu. E todas as religiões têm sido contra a ciência, porque mais cedo ou mais tarde a ciência vai provar – já tem provado – que o seu método de dúvida o traz mais próximo da realidade. Ele abre os segredos da vida; ele o deixa mais inteligente, mais alerta, conhecendo qual é a verdade. Mas a ciência até agora só tem permanecido preocupada com o mundo objetivo que nos cerca.

Eu condeno as religiões porque elas têm mantido a humanidade na escuridão. E condeno os cientistas porque eles estão fazendo coisas extremamente estúpidas: eles estão conscientes de tudo, investigando sobre tudo no mundo exceto a si mesmos. O cientista em seu laboratório é a única pessoa que fica isenta de investigação. Ele investiga sobre todo o resto e investiga em profundidade, sem nenhum preconceito. Mas se esquece de quem o investigador é. E existe qualquer investigação possível sem um investigador? Há alguma possibilidade de se observar a realidade objetiva sem um observador? E é isso que a ciência tem feito há 300 anos.

As religiões são criminosas, mas a ciência também tem sua responsabilidade por esse crime – não tão grande, porque a ciência tem apenas 300 anos de idade. Mas a ciência não pode dizer nada a favor ou contra o mundo subjetivo, porque nunca o investigou.

As religiões têm de desaparecer completamente – elas são uma espécie de câncer na alma humana – e a ciência tem de estender sua investigação, torná-la completa. Ela está pela metade. Vocês estão apenas olhando para o objeto e se esquecendo da pessoa que olha para ele. A ciência tem de crescer e atingir uma nova dimensão que olhe para dentro. A dúvida será o método para ambas as realidades – interior e exterior – e, portanto, não existe a questão de criar uma ponte. A dúvida está no centro. A partir desse centro você pode se mover para dentro da realidade objetiva – é isso que a ciência tem feito até agora. E você pode também, a partir da mesma dúvida, se mover para dentro de sua interioridade, o que a ciência não fez até agora. Ela é culpada disso. E como a ciência não está fazendo isso, ela deixa o mundo subjetivo nas mãos das religiões.

As religiões fingem investigar o mundo subjetivo, o mundo da consciência; mas isso é uma pretensão, porque parte de uma crença. Uma vez que você acredita em uma coisa, sua investigação está terminada. Você já destruiu o questionamento, já matou a busca. Partindo da crença é impossível passar para a investigação. Toda investigação, objetiva ou subjetiva, necessita de uma mente aberta – e a dúvida lhe confere essa enorme qualidade de uma mente aberta. Lembre-se, já que há uma possibilidade de se ficar confuso: dúvida não significa descrença, porque a descrença é de novo a crença de cabeça para baixo.

Karl Marx e seus seguidores, os comunistas, dizem que Deus não existe. Essa é a crença deles. Nem Karl Marx nem Lênin nem nenhum outro comunista jamais se deu ao trabalho de indagar se Deus realmente não existe. Eles aceitaram isso da mesma maneira que os cristãos, os hindus, os muçulmanos e os judeus aceitaram que existe um Deus. Não faço nenhuma distinção entre o ateísta e o teísta, ambos estão no mesmo barco. Não faço nenhuma distinção entre um cristão, um hindu e um comunista. Na superfície, parece haver uma grande distinção. O comunista não acredita em Deus; as religiões acreditam em Deus. Isso é muito superficial; se vocês olharem com um pouco mais de profundidade, observarem minimamente a questão, ficarão surpresos. Ambos aceitaram sem nenhuma inquirição. Por isso eu digo que o comunismo é uma religião ateísta.

Os muçulmanos têm sua Meca, os judeus têm sua Jerusalém, os comunistas têm o seu Kremlin. E é muito divertido ver uma foto do Kremlin – ele parece uma igreja! Talvez tenha sido uma igreja antes da Revolução. Certamente, não foi construído pelos comunistas. Deve ter sido a maior igreja na Rússia soviética. Eles a confiscaram e a transformaram em seu quartel-general. Mas a arquitetura mostra simplesmente que se trata de uma igreja.

Não só a arquitetura do Kremlin, mas a mente das pessoas que estão sendo dominadas pelo Kremlin é exatamente igual à mente dos papas, dos aiatolás Khomeinis, dos *shakaracharyas* – não há nenhuma diferença! Todos eles estão de acordo com relação ao fundamental. Os comunistas acreditam no *Das Kapital*, os cristãos acreditam na Bíblia, mas onde está a diferença? Esses livros são diferentes, mas a pessoa que acredita, a mente de quem acredita, é igual.

Como a ciência negou – estranhamente – a própria existência do cientista, ela continua brincando com ratos brancos, fazendo experiências. Estranho... por que não com ratos negros? Lá também há a diferença de cor. O rato negro é considerado estúpido – essa é a ideia deles – e o rato branco é muito inteligente.

Estive em muitas universidades na Índia, dando palestras para os alunos, para os professores, e visitei muitos laboratórios científicos indianos. Sempre lhes perguntei: "Por quê? Pelo menos na Índia vocês não deveriam fazer experiências com ratos brancos. Deixem que eles sejam objeto de experiências na Inglaterra, nos Estados Unidos, mas na Índia...!" E os cientistas não conseguiram responder por que eles fazem experiências com ratos brancos. São apenas imitadores.

Estranhamente, os cientistas trabalham com ratos, trabalham com macacos... milhares de macacos da Índia são exportados diariamente para todas as partes do mundo para experimentação científica.

Os hindus ficam muito zangados na Índia, porque para eles o macaco é um deus, e exportar seu deus para experimentação científica é certamente inaceitável. Mas a Índia é pobre; o governo consiste de hindus – eles são contra exportar os macacos, mas conseguem um preço tão bom por eles! E eles não têm muita coisa para exportar. Não conseguem suprir suas próprias necessidades! Macacos há aos milhões, e não servem para nenhum propósito. Ao contrário, eles destroem as colheitas, destroem os frutos, os vegetais. É claro, eles também têm de comer. Mas há um movimento na Índia liderado pelos hindus para que essa exportação seja detida.

O cientista continua trabalhando com ratos, com macacos, com tudo no mundo. Ele alcançou as moléculas, os átomos, os elétrons. Mas em toda essa busca ele se esqueceu de uma coisa: que ele também existe. Sem ele, o laboratório não tem sentido. Quem está experimentando? Certamente há uma consciência, certa consciência, certa entidade com a capacidade de observar. Esse é um fato tão simples; mas há 300 anos a ciência não tem aceitado esse simples fato.

Eu os considero culpados porque, se eles tivessem aceitado esse fato e feito dele uma investigação científica, as religiões já teriam morrido há muito tempo. Se as religiões ainda continuam existindo, a ciência tem de aceitar a responsabilidade.

Para mim, a própria palavra *ciência* explica a minha abordagem. Ciência significa saber. Qualquer conhecimento, qualquer saber, necessita de três coisas: um objeto a ser conhecido, um sujeito para conhecê-lo e, entre o sujeito e o objeto, surge o conhecimento.

Se o homem não estiver na terra, as árvores podem estar aqui, os botões de rosa podem estar aqui, mas eles não saberão que são botões de rosa. As nuvens virão, mas ninguém saberá que é a estação da chuva. O sol se erguerá no céu, mas não haverá nenhum poente porque não haverá ninguém para descrevê-lo. Um conhecedor é o fenômeno mais valioso na existência e, como a ciência o negou, a religião teve absoluta liberdade para continuar insistindo em todas as crenças antigas.

Meu trabalho é ajudar todas as religiões a morrer pacificamente.

A área que elas vieram ocupando deve ser ocupada pela ciência. Podemos manter dois nomes: ciência para a realidade objetiva e religião para a realidade subjetiva. Mas não há necessidade de dois nomes. É melhor ter apenas um nome – ciência – com duas dimensões: uma movendo-se para fora e outra movendo-se para dentro.

O método científico começa com a dúvida. Ele continua duvidando até chegar a um ponto em que a dúvida é impossível. Quando ele encara a realidade, a dúvida sucumbe. As religiões têm reprimido a dúvida. Não deparei com nenhum líder religioso que não tenha, no fundo de si, a dúvida ainda viva. Todas as suas crenças podem tê-la reprimido, mas eles não conseguem destruí-la.

Você pode olhar dentro da sua mente. Você acredita em Deus... Mas não têm nenhuma dúvida a respeito disso? Na verdade, se você não tem dúvida, por que deveria acreditar? Você não têm a doença, então por que está carregando toda essa carga de medicamentos? A crença prova a existência da dúvida, e a crença permanece apenas na superfície; ela empurra as forças da dúvida para bem fundo dentro do seu inconsciente. Mas não consegue destruir a dúvida.

A crença não tem poder, ela é impotente. A dúvida é uma energia enorme. A crença é algo já morto, um cadáver. Você pode carregar o cadáver o tempo que desejar, mas, lembre-se, o cadáver é uma carga desnecessária sobre você. Logo você vai começar a cheirar mal como o cadáver. E, finalmente, o cadáver vai transformá-lo também em um. Não é bom continuar na companhia dos mortos. É perigoso.

A crença tem de desaparecer de todas as línguas. A dúvida deve ser coroada. A crença deve ser destronada.

A dúvida imediatamente vincula o objetivo e o subjetivo. Eles são dois polos da mesma realidade, e a dúvida é a ponte entre eles.

Por que eu elogio tanto a dúvida? Porque ela nos conduz à indagação, ela levanta questões, ela nos conduz a novas aventuras. Ela nunca permite que continuemos ignorantes. Continua sempre se movendo até encontrarmos a luz.

As pessoas têm me perguntado repetidamente: "Você acredita nisto? Você acredita naquilo?" E tenho lhes dito que essa é uma pergunta absurda. Ou eu conheço algo ou não conheço. A crença não tem lugar algum em meu ser. Se eu não sei, então vou tentar saber – isso é a dúvida, isso é a investigação. E, se eu sei, então não há necessidade de acreditar; eu sei disso por minha própria autoridade. Por que eu deveria acreditar em Jesus Cristo ou em Gautama Buda? Não há necessidade disso.

Mas o estranho é que Jesus Cristo continua acreditando nos velhos profetas. Ele não tem experiência própria. Deus é sua fé, não é sua experiência. Maomé acredita em Deus. Eu fico simplesmente surpreso de que essas pessoas nunca tenham pensado que a crença simplesmente prova que as pessoas são ignorantes, que elas não sabem. Você está simplesmente carregando um conhecimento emprestado dos outros. Talvez eles também estivessem carregando o conhecimento emprestado de outra pessoa. Não se consegue encontrar a fonte original de onde surgiu a crença. Certamente ela surgiu, porque existe no mundo todo. Deve haver algo na psicologia humana que deu origem a ela.

Em primeiro lugar, o ego do homem não quer aceitar a ignorância. Ele quer fingir saber; e, também, é muito fácil acreditar e se tornar um conhecedor.

Há uma história nos Upanishads que contém algumas declarações existenciais muito belas a respeito da vida.

Havia um velho buscador da verdade; seu nome era Uddalak. Seu filho era Shvetketu. Ele enviou o filho a mestres conhecidos no país para aprender o que fosse possível aprender.

O filho aprendeu com um mestre, depois com outro mestre. E, quando adquiriu todo o conhecimento disponível, com grande orgulho, voltou para casa para dizer ao pai: "Cumpri minha tarefa". Uddalak olhou de sua janela e viu que o filho estava chegando com muitos escritos. E também pôde ver o olhar e o andar orgulhoso dele. Shvetketu entrou e disse ao pai: "Cumpri minha tarefa!"

Uddalak deve ter sido um homem como eu. Ele perguntou ao filho: "Você conheceu a si mesmo?"

Shvetketu disse: "Mas em parte alguma, em todas as escolas que estive, isso fazia parte dos ensinamentos. Não... eu sei tudo sobre medicina, sei tudo sobre a linguagem, a gramática, sei tudo que é ensinado lá. Mas conhecer a si mesmo? Essa questão nem sequer foi levantada".

Uddalak disse: "Enterre esses escritos e volte. Descubra quem você é, porque, se não conhecer a si mesmo, qual é o valor de todo o conhecimento que está carregando com você? Você perdeu o ponto fundamental".

Shvetketu ficou muito magoado e chocado, pois havia chegado com muito orgulho, achando que seu pai iria recompensá-lo. Em vez disso, ele foi condenado, totalmente condenado: "Você desperdiçou grande parte de seus anos. Volte lá!" Uddalak não lhe permitiu sequer descansar.

Shvetketu foi até o maior mestre com o qual havia tido contato em sua busca pela aprendizagem e lhe disse: "Meu pai me destruiu completamente! E me enviou de volta para buscar uma única coisa. Ele disse que, a menos que alguém conheça a si mesmo, todo o seu conhecimento é inútil".

Quando sua própria casa está na escuridão, de que vale saber que o mundo todo está cheio de estrelas e de luz? A luz é necessária antes de tudo na sua própria casa.

O mestre disse: "Eu temia isso, porque conheço seu pai; na nossa juventude fomos discípulos do mesmo mestre. Eu temia que isso fosse acontecer. Você estava se portando com muito orgulho, e eu conheço seu pai – ele não está interessado no conhecimento emprestado. Ele quer conhecer a si mesmo. Ele não está interessado em crenças. O único esforço dele durante toda a sua vida foi chegar a uma certeza, a uma experiência que não fosse emprestada, que fosse apenas dele, autenticamente dele. Eu temia que isso fosse acontecer com você".

Shvetketu perguntou: "Então, o que devo fazer?"

O mestre disse: "Tudo o que eu sabia eu lhe ensinei. No que diz respeito a conhecer a si mesmo, sou tão ignorante quanto você. Mas posso lhe sugerir uma coisa. Consegui cem vacas no *ashram*. Leve essas vacas para as colinas e, quando elas se tornarem mil com as novas crias... Permaneça nas montanhas. Esqueça todo o conhecimento que aprendeu. Na verdade, não precisará dele lá, as vacas não estão interessadas em nenhum tipo de conhecimento. Você também não encontrará lá nenhum outro ser humano. A linguagem não será necessária. A gramática e todas as sutilezas da gramática serão inúteis".

Shvetketu perguntou: "Mas como isso vai me ajudar a conhecer a mim mesmo?"

O mestre disse: "Simplesmente vá. Ajude as vacas a crescer. Leve-as para campos mais novos no interior das montanhas e espere até que elas tenham se tornado mil. Então você pode voltar. E, todo o resto, discutiremos depois disso".

Os mestres têm suas próprias artimanhas. Pelo que eu entendo dessa história, eu sei que o homem sabia, mas ele não podia dizê-lo. Ele criou uma situação, uma artimanha.

Shvetketu foi para as montanhas. Durante alguns dias a mente continuou com todo o conhecimento que ele havia reunido, mas qual era a sua utilidade ali? As vacas viviam mascando grama, e Shvetketu ficava sentado entre aquelas cem vacas, esperando o momento em que elas se tornassem mil. Dias se passaram, meses se passaram. E a história é realmente bonita, porque Shvetketu esqueceu tudo: conhecimento, linguagem, aritmética. Não havia necessidade... Pouco a pouco tudo aquilo se tornou inútil. Ele se tornou quase tão inocente quanto uma vaca. O que mais lhe restava fazer? Um homem é conhecido pela sua companhia. Ora, se você vive anos entre vacas, apenas as ouvindo mascar grama... E, com ele sentado sob a árvore cuidando delas, elas se tornaram mil.

E então, um belo momento: uma vaca falou com Shvetketu. Ela disse: "Nós nos tornamos mil. Agora é hora de voltar para casa. Parece que você também esqueceu como contar!" E ele realmente havia esquecido.

Shvetketu levou as vacas de volta à casa do mestre. Outros discípulos também ficaram espantados com aquele experimento. Parecia tão estranho que, para conhecer a si mesmo, alguém tivesse de levar cem vacas para as montanhas e ficar esperando até que elas se tornassem mil!

Os discípulos olharam as vacas chegando, correram até o mestre dentro da casa e disseram: "As mil vacas estão chegando".

O mestre disse: "Não, mil e uma".

Um discípulo disse: "Mas o senhor pediu mil".

Ele disse: "Sim, eu pedi, mas e quanto a Shvetketu?" Ele estava chegando bem no meio das vacas, tão inocente, tão completamente infantil.

Os discípulos do mestre estavam muito excitados, porque o mestre havia lhes prometido: "Quando Shvetketu chegar, tudo será discutido. Por enquanto vocês esperem e façam as perguntas mais tarde".

Shvetketu chegou, entregou as vacas ao mestre e disse: "Agora eu posso ir? Meu pai deve estar ficando muito velho, e não quero que ele morra desapontado comigo".

O mestre disse: "Mas e quanto às outras coisas que íamos discutir depois?"

Shvetketu riu e disse: "Esqueça. Vivendo com as vacas, devagar, devagar... não há nenhuma excitação, nenhum entretenimento. Esperando sob as árvores, sentado sob as árvores sem fazer nada, devagar um silêncio começou a acontecer por conta própria. E chegou um momento em que todos os meus pensamentos desapareceram, todos os meus sentimentos desapareceram – só permaneceu uma pura presença do ser".

"Eu não podia nem mesmo dizer 'eu sou', porque não havia 'eu'. Então, vi que toda a gramática estava errada. O 'eu' não existe. Tudo o que posso expressar é que senti e experienciei meu ser; não o "eu existo", mas o puro existir, uma profunda experiência existencial. Agora eu sei o que meu pai queria que eu soubesse, e não há nada a ser discutido."

O mestre disse: "Eu sabia. Se você tivesse chegado e começasse a me fazer de novo a mesma pergunta, isso teria significado que o meu recurso havia falhado. Com minhas bênçãos, você pode ir até seu pai".

Ele voltou para casa. O pai estava realmente muito velho; estava esperando pelo filho. Conseguiu vê-lo de novo da janela, e era aquilo que ele estava esperando – Shvetketu, tão humilde, tão simples; sem escritos, simplesmente chegando como uma brisa fresca. Ele entrou em casa. Você poderia esperar que ele dissesse: "Agora eu realizei o seu desejo". Não, ele simplesmente tocou os pés do pai, beijou os pés do pai com as lágrimas fluindo dos olhos.

O pai disse: "Então, aconteceu. Agora eu posso morrer em paz. Cumpri o meu dever: não estou deixando atrás de mim um homem ignorante cheio de conhecimentos inúteis. Estou deixando atrás de mim um espaço puro, um ser, alerta, consciente, que conhece a si mesmo – e esse é o maior conhecimento do mundo".

A ciência deveria abrir as portas dos recursos que as religiões têm mantido fechados.

Há um vasto universo fora de você, infinito. Você pode continuar sempre o explorando, pois ele não tem fim. Mas há um universo maior dentro de você, e tão perto – dentro de você! E você pode continuar explorando-o. Você virá a saber quem você é, mas isso não é o fim: essa experiência continua se aprofundando infinitamente.

Um homem pode ser ambos, e esse será o homem total. Tenho definido o novo homem de muitas maneiras, de diferentes ângulos. Deixe isto também ser incluído na definição do novo homem: ele será completo, inteiro, conhecedor do mundo exterior, conhecedor do mundo interior. E, no momento em que você conhece ambos, sabe que eles não são dois; é a mesma energia se estendendo na direção de duas polaridades. Uma se torna o objeto, a outra se torna o sujeito. Eu gostaria de chamá-la de ciência do interior. E qualquer coisa que seja conhecida como ciência, hoje, eu chamarei de ciência do exterior.

Mas o interior e o exterior são dois lados da mesma moeda. O exterior não pode existir sem o interior; o interior não pode existir sem o exterior. Portanto, não há separação e não há a questão de criar uma ponte.

A questão surgiu em você porque você está pensando em uma ciência que é a metade e está pensando sobre pseudorreligiões, que dependem da crença e não da investigação.

Meus *sannyasins* têm de ser inquiridores. E esta deve ser sua única responsabilidade: conhecer a si mesmo. Foram-lhe ensinadas tantas responsabilidades, mas não esta. Disseram-lhe para ser responsável em relação a seus pais, a sua esposa, a seu marido, a seus filhos, à nação, à igreja, à humanidade, a Deus. A lista é quase infinita. Mas a responsabilidade mais fundamental não está nessa lista.

Eu gostaria de queimar toda essa lista!

Vocês não são responsáveis em relação a nenhuma nação, a nenhuma igreja, a nenhum Deus. Vocês são responsáveis apenas em relação a uma coisa, e essa é o autoconhecimento. E o milagre é que, se você cumprir essa responsabilidade, será capaz de cumprir muitas responsabilidades sem qualquer esforço. Um homem que conhece a si mesmo estará realmente amando seus filhos, sua esposa, seus amigos. Seu amor terá um sabor totalmente diferente. Não será uma mistura de ódio, raiva, ciúme, desejo e amor.

Se vocês olharem para o seu amor, vão descobrir que ele é muitas coisas. E, nessas muitas coisas, seu amor é poluído, porque muitas delas são contra o amor. O ciúme não pode ser parte do amor. O ódio, a raiva, a possessividade, não podem ser parte do amor. O amor não conhece o ciúme. O amor não conhece a possessividade; ao contrário, o amor dá liberdade. Isso é tão simples. Se eu amo uma pessoa, eu lhe dou absoluta liberdade. Se o amor não puder dar absoluta liberdade, então quem vai dá-la? Se eu vejo a pessoa que eu amo ficar feliz com outra pessoa, eu ficarei feliz com sua felicidade. O amor não pode ser ciumento, só pode ser feliz. Ele só conhece um gosto, o gosto da felicidade.

Cumprindo essa única responsabilidade, você não terá ressentimento com relação a seu pai, a sua mãe. Mas todo mundo tem, porque toda criança foi disciplinada contra a sua vontade, tem sido obrigada a ir para a escola...

Quando eu estava no primário, minha casa ficava muito perto da escola. Então, quando o sino da escola tocava, era a hora de eu entrar no banheiro. Toda a minha família ficava batendo na porta e eu continuava em silêncio, sem responder nada. Era uma rotina diária o diretor vir me pegar, porque eu não ia voluntariamente. Ele chegava e meu pai dizia: "O que fazer? Parem de tocar esse sino da escola, porque, no momento em que vocês o tocam, ele imediatamente entra no banheiro e tranca a porta! E então é totalmente inútil, porque qualquer coisa que se diga ele não responde". Por fim, a escola decidiu não tocar o sino, e o diretor acostumou-se a vir primeiro me pegar – e então o sino era tocado para todas as outras crianças.

Toda criança tem sido obrigada a fazer muitas coisas para o seu próprio bem. Eu sou grato ao diretor. Ele foi realmente generoso – apenas por causa de um único aluno ele mudou toda a rotina da escola. Sou grato a meus pais pela paciência comigo... a toda a família que ficava do lado de fora do banheiro tentando me convencer: "Saia! Se você não quer ir à escola, não precisa ir. Vamos pedir ao diretor para dispensá-lo hoje". Mas eu permanecia calado. E sou também grato porque esses momentos de silêncio me ensinaram muito. Todos estavam gritando e correndo para aqui e para lá – e, em meio àquele ciclone, eu era o centro, simplesmente sentado debaixo do chuveiro e desfrutando o banho.

Toda criança é levada a ter algum ressentimento, alguma raiva reprimida. Mas, no momento em que você conhece a si mesmo, todo o seu ressentimento se dissolve, toda a raiva desaparece, porque pela primeira vez você tem olhos para ver coisas que antes não conseguia ver. Agora você pode ver que, se seu pai o estava arrastando para a escola, ele não estava sendo contra você, não era seu inimigo. Se ele estava lhe pedindo para voltar para casa e não ficar perambulando no meio da noite, ele não estava sendo contra você, estava cuidando de você.

Na aldeia onde eu nasci havia uma colônia de oleiros. E na Índia os oleiros carregam seus potes sobre burros; essa é a única coisa na Índia para a qual os burros são usados.

A colônia era bem perto da minha casa, e havia muitos burros bonitos, mas eles eram utilizados para carregar coisas o dia todo. Somente à noite eles ficavam livres, e eu também ficava livre, e por isso podia pegar um burro.

Ninguém monta um burro na Índia, porque o burro é considerado algo intocável. Montar um burro! Toda a minha família ficava constrangida, porque os vizinhos lhes diziam: "Vimos seu filho indo ao mercado montado num burro. Não o deixe entrar em casa enquanto ele não for até o rio e tomar um banho".

Meu pai costumava tentar me convencer: "Damos um jeito de lhe comprar um cavalo, se você está tão interessado em montar".

Eu dizia: "Eu não estou nem um pouco interessado em cavalos, estou interessado nos burros. Eles são pessoas muito filosóficas, imprevisíveis. Um burro pode parar a qualquer momento, e você pode fazer qualquer coisa que ele não vai se mover. Você não consegue imaginar por que ele parou. E, contra o conhecimento comum de que os burros são idiotas, a minha experiência é que eles são muito espertos, políticos inteligentes".

Meu pai dizia: "Você quer escrever uma tese sobre os burros ou o quê?"

Eu dizia: "Posso escrever uma, porque a minha experiência com os burros talvez seja maior que a de qualquer outra pessoa".

Montar um burro é uma tarefa difícil, mas montar um cavalo não é. Os burros são tão espertos, eles nunca andam no meio da estrada. Sempre vão à direita ou à esquerda, esfregando a perna contra um muro. Naturalmente, aquele que o está montando pula fora! Era tão difícil mantê-los no meio da estrada; eles ficavam à esquerda ou à direita, mas nunca no meio. Então eu disse ao meu pai: "Os burros são direitistas, esquerdistas, mas não são budistas". Buda costumava ensinar aos seus discípulos: "Sigam o caminho do meio". Os burros são as únicas pessoas que Buda não conseguiu convencer. E eu não acho que eles sejam estúpidos, porque, quando ninguém os está montando, eles andam no meio. Eles são inteligentes! E num dia quente você consegue vê-los parados debaixo de uma árvore. A própria face de um burro é filosófica, como se ele estivesse considerando grandes coisas. Olhem para a face de um burro e vocês vão achar que ele está pensando muito.

Finalmente, minha família decidiu que eu não teria permissão para entrar na cozinha: "Porque não sabemos ao certo se você esteve ou não montando um burro". Então, eu ficava sempre sentado fora da cozinha, não tinha permissão para entrar lá. Minha avó em particular não permitia... eu era um pária!

Naturalmente, há algo contra pessoas desse tipo; elas perturbam todas as suas alegrias. As coisas em que você está interessado, elas não estão interessadas; e as coisas em que elas estão interessadas, você não enxerga nenhum sentido nelas.

Por exemplo, eu perguntei a meu pai: "Por que devo ler história? Por que devo ler geografia? Qual é a utilidade de saber que Ashoka governou a Índia em determinada época? Não vejo utilidade nenhuma nisso. Eu não vou governar a Índia, não vou voltar no tempo para conhecer Ashoka. Ele nunca se importou comigo e eu tenho de ler sobre ele?

E geografia, o que eu tenho a ver com Constantinopla? Timbuktu? Nunca irei lá! Juro a você. Eu nunca irei a Constantinopla ou a Timbuktu, então por que devo me incomodar com a sua geografia, com onde elas estão situadas?"

Ele dizia: "Não discuta, simplesmente faça o que todas as outras crianças estão fazendo".

Eu dizia: "Vou fazer porque você está me obrigando. Mas lembre-se de que você está criando raiva em mim, ressentimento. Eu sou indefeso, sou fraco, sou pequeno. Você pode fazer qualquer coisa, mas lembre-se de que um dia você vai ser velho e eu vou ser jovem; você estará fraco e eu estarei forte. Nesse dia, vamos acertar os pontos – e você sabe que a minha memória não é ruim".

Ele costumava bater as mãos na cabeça e dizer: "O que se pode fazer com você?! Você é um problema, um chato. Mas ainda assim eu respeito a sua honestidade. Nenhuma criança dirá isso a seu pai, que 'na sua velhice vamos acertar as contas'. Você é honesto".

Isso está fadado a acontecer. A criança só quer tomar sorvete, mas os pais sabem que ela vai ficar doente. Eles têm de obrigá-la a comer coisas que alimentam. Ora, sorvete é porcaria! Tem um gosto bom, mas esse não é o ponto.

No momento em que a pessoa entra em seu próprio ser, uma revolução acontece na sua visão. Seu ressentimento torna-se gratidão. Ela até começa a se sentir grata aos seus inimigos, porque, o que quer que ela seja, eles também contribuíram para isso. Sem eles, ela teria sido outra pessoa. Toda a sua perspectiva sobre a vida passa por uma mudança radical. Ela começa a sentir novas responsabilidades, não como algo a ser feito, não como um dever a ser cumprido, mas como uma alegria de fazer.

Meu avô me amava muito, mas sobre uma coisa nunca concordamos. Ele faria qualquer coisa por mim, mas à noite, quando ele ia dormir, queria que eu massageasse seus pés. E isso... Eu dizia: "Você pode parar de fazer tudo o que faz por mim, mas essa massagem nos seus pés eu não vou fazer. Eu nunca massageei ninguém, e nunca permiti que ninguém me massageasse. Sou simplesmente contra isso".

E ele dizia: "Eu faço tudo por você. Eu o protejo de seu pai, de sua mãe, dos seus professores, dos vizinhos – se eu não fizesse isso, você seria constantemente espancado. E ainda assim você não pode fazer uma coisa tão pequena por mim?"

Eu dizia: "Isso não é uma coisa pequena. É uma questão de princípios".

Mas, depois da minha iluminação, a primeira coisa que eu fiz foi massagear os pés dele. Ele disse: "O que você está fazendo?"

Eu disse: "Por favor, me perdoe. Eu não via como você é velho, como trabalhou duro. Seus pés devem estar doloridos. Talvez você não consiga dormir se alguém não os massagear".

"Mas", disse ele, "isso era contra os seus princípios".

Eu disse: "É verdade, mas o homem cujos princípios eram contra isso não existe mais. Ele morreu com todos os seus princípios, com todas as suas ideias. Agora você está olhando para um homem totalmente novo. E não pense que estou fazendo isso como um dever, eu simplesmente faço isso a partir da minha felicidade".

Isso tornou-se um problema para ele. Ele disse: "Você sempre continuará sendo um problema – velho ou novo.

Antes você era contra a massagem; agora não me deixa dormir! Continua massageando e eu estou dizendo: 'Pare!' Agora estou quase dormindo e você continua a massagem. Isso me mantém acordado!"

Eu disse: "Isso é problema seu, mas eu tenho de lhe compensar por todos aqueles 21 anos em que me recusei a massageá-lo. E você está envelhecendo, qualquer dia pode bater as botas, e não quero continuar com nenhum tipo de dívida. Então, se você consegue ou não dormir é problema seu. Aprenda a dormir! E eu vou compensar completamente os 21 anos de negação".

Ele chamou meu pai e disse: "Leve seu filho daqui! Agora ele diz que está iluminado – talvez ele esteja mesmo, mas continua criando problemas para os outros".

Eu disse: "Sim, vou continuar, de uma maneira iluminada. Não posso abandonar as coisas que eu sempre amei. Eu as farei, mas de uma maneira iluminada".

Desde então, nunca mais fiz nada por uma sensação de dever, por senso de responsabilidade, porque aquilo era esperado de mim. Mas fiz tudo a partir de minha felicidade, fiz tudo o que eu sentia estar saindo do meu próprio sentimento de amor, de compaixão.

Por que estou falando para vocês? Por que criei todo um movimento mundial de *sannyas*? Eu poderia estar vivendo silenciosa e pacificamente, sem nenhum problema, em algum lugar na Caxemira, nos Himalaias, sem nenhum problema. Enfrentei muitos problemas desnecessariamente. Nunca estive na Alemanha, mas há casos pendentes nos tribunais de lá contra mim. Que mundo estranho! Eu só voei sobre a Alemanha. Não consigo imaginar como, voando sobre a Alemanha, milhares de metros acima, eu posso ter feito algo errado para que mandados de prisão estejam esperando por mim.

Nunca tive nenhuma conta em banco, porque sempre gastei dinheiro antes de recebê-lo. Sou muito otimista com relação a isso: ele virá, gaste-o! Então não há razão para eu ter conta em banco. Mas, justamente agora, fui informado de que alguma agência governamental dos Estados Unidos abriu uma conta num banco da Suíça com a minha assinatura apenas para criar um processo contra mim.

Ora, a minha assinatura é pública. Qualquer um que seja minimamente habilidoso pode copiar a minha assinatura – ela não é propriedade privada. Assinei um milhão de nomes para meus *sannyasins* – vocês podem conseguir minha assinatura em qualquer lugar, e é muito fácil abrir uma conta em meu nome. Este é um mundo estranho. Eu estava achando que era o homem mais pobre, mas agora tenho uma conta num banco suíço! Espero que eles coloquem alguns bilhões de dólares nela, porque, quando se é tão generoso, então que seja realmente generoso!

Tenho vivido estas três décadas por puro amor. Tenho sofrido, mas sem nenhuma queixa. Foram feitos atentados à minha vida, mas não guardo qualquer rancor contra essas pessoas que quiseram me matar. Eu posso entender – eu tenho a visão certa, eu consigo enxergar. Essas pessoas estavam se sentindo ofendidas porque eu estava continuamente destruindo seus sistemas de crença, destruindo suas tradições, suas convenções.

Eu estava fazendo isso por amor. Queria que elas se livrassem de todo tipo de lixo que séculos despejaram sobre elas. Mas elas não achavam que fosse lixo, achavam que era um tesouro. Naturalmente ficaram ofendidas e quiseram me matar, porque, se esse homem permanecer vivo, ele vai destruir os tesouros de muitas pessoas. Eu posso entender.

As religiões ensinam você a perdoar. Eu digo que essa não é a coisa certa a fazer. Perdoar significa primeiro que você foi ofendido; do contrário, por que está perdoando? Eu nunca perdoei ninguém pela simples razão de que nunca fui ofendido por ninguém: eu entendo a sua situação, o seu problema. Posso ver profundamente dentro das pessoas. Elas não estão fazendo o mal pelo mal, estão fazendo o mal para salvar sua religião, sua cultura, sua civilização. E é claro que todos têm o direito de salvar sua religião, sua cultura, sua civilização.

Da autorrealização surge um grande entendimento. Não há necessidade de perdoar. Não há necessidade de fazer um esforço para amar seu inimigo. Eu não concordo com Jesus. Ele diz "ame seu inimigo", mas para amar seu inimigo primeiro você tem de aceitá-lo como tal. Minha compreensão faz o inimigo desaparecer. Quem eu devo amar agora? Não existe o inimigo.

Jesus disse: "Ame o seu vizinho". Eu me encontro absolutamente só neste mundo tão densamente povoado. Ninguém é meu vizinho porque ninguém pode violar o meu ser nem eu posso violar o ser de ninguém. Todo homem é em si uma ilha. Não posso aceitar a ideia de que uma pessoa tem de amar seu vizinho. E por que Jesus disse isso? Porque ninguém ama seus vizinhos; os vizinhos são na verdade os piores inimigos. Todo mundo odeia os vizinhos, tem inveja dos vizinhos – acha que eles estão se divertindo, que são ricos, que têm isso e aquilo – e se sente infeliz se comparando com eles, competindo. E como você pode amar alguém com quem está competindo?

Este é um mundo cruel, competitivo. Todos estão tentando cortar sua garganta. Vocês podem tentar tirar dinheiro do bolso de alguém, esquecendo-se de que alguém está tirando dinheiro do seu próprio bolso.

Certa vez perguntaram a George Bernard Shaw: "Um homem pode viver relaxado com ambas as mãos nos bolsos?"

Bernard Shaw disse: "Sim, mas os bolsos devem ser dos outros. As mãos, é claro, serão minhas, mas os bolsos devem ser dos outros. E então se pode viver relaxado – não há problema".

Eu amo vocês. E isso não quer dizer que os esteja obsequiando. Vocês não precisam sequer ser gratos pelo meu amor, porque o meu amor é a própria recompensa. Em vez de vocês se sentirem gratos, eu é que sou grato por vocês aceitarem o meu amor e não rejeitá-lo. Vocês poderiam tê-lo rejeitado, têm esse direito.

Quando conheci a mim mesmo, conheci um significado totalmente diferente da responsabilidade. Ela não é uma questão de dever; é uma questão de compartilhamento. Você tem tanto amor e tanto êxtase que gostaria de compartilhá-los.

Por isso eu só ensino uma responsabilidade, e essa é para consigo mesmo. Todo o resto vai seguir em conformidade com isso, sem qualquer esforço da sua parte. E, quando as coisas acontecem sem esforço, elas têm uma enorme beleza. Quando um homem ama uma mulher porque ela é bonita, seu amor não é muito grande. Amanhã ela será velha, amanhã ela pode ficar doente, amanhã ela pode se tornar feia. Talvez ela tenha de fazer uma plástica no nariz – então o que vai acontecer com seu amor? Foi o belo nariz dela que provocou o seu amor. Agora que o nariz dela se foi, o amor dele vai desaparecer. Aquela pessoa vai se tornar uma carga para ele.

Não, quando da sua autorrealização surge o amor, ele não depende do objeto do amor. Não tem nada a ver com a beleza, a inteligência ou qualquer outro talento da pessoa. Você está cheio de amor e quer compartilhá-lo. E quem quer que esteja pronto para recebê-lo terá a sua gratidão. Ele é um presente, e não tem causa na pessoa a quem você o está dando. Você o está dando porque se sente pleno; você está transbordando.

Quando suas responsabilidades são apenas um transbordamento da experiência do seu próprio ser, do seu centro, da sua vida eterna, então elas têm uma qualidade totalmente diferente.

Torno a repetir: eu lhes ensino apenas uma responsabilidade. Tenho sido condenado por isso em todo o mundo; as pessoas dizem que estou ensinando o egoísmo. De certa maneira isso está certo, mas não no sentido em que elas estão usando a palavra *egoísmo*. Mas estou certamente lhes ensinando a sua responsabilidade para consigo mesmo – se isso é egoísmo, eu o aceito como egoísmo. Mas ele não é contra o altruísmo.

No momento em que você conhecer a si mesmo em toda a sua totalidade, pela primeira vez você será capaz de ser altruísta, compassivo, amoroso, bondoso, generoso. Não que o serviço seja o seu lema...

Eu costumava ir a unidades do Rotary Club para dar palestras aos seus membros, e eles tinham uma tabuleta sobre a mesa na qual estava escrito: "Servir é o nosso lema". A primeira coisa que eu costumava fazer era tirar aquilo da mesa. Quando fiz isso pela primeira vez, um homem muito bonito, que era o presidente do Rotary Club... Ele era meu amigo e também meu médico, o melhor médico da cidade. Foi ele que havia me convidado, e quando eu tirei aquela tabuleta da mesa ele não pôde acreditar. E me disse: "O que você está fazendo?"

E eu lhe disse: "Estou abrindo um lugar para eu me sentar, porque vou falar sentado sobre a mesa, não de pé, esse é o meu jeito" – antes de eu começar a usar uma cadeira, eu me sentava sobre as mesas. "Assim, não fique preocupado. Estou abrindo um espaço para eu me sentar." E então, enquanto eu falava, deixei claro que não só estava abrindo um lugar para eu me sentar, mas estava abrindo um espaço para ser responsável para comigo mesmo.

O serviço não deve ser um lema. O serviço deve ser um compartilhamento, um júbilo. Não se deve servir ninguém por nenhum motivo – não porque pelo serviço você possa alcançar o céu, não porque pelo serviço você vá se tornar um santo. Se o seu serviço é um meio para atingir algum fim, ele é simplesmente negócio, não é serviço. E que barganha! Pelo fato de servir algumas pessoas doentes você vai desfrutar do paraíso por toda a eternidade. É quase uma loteria!

Não, a minha ideia é que vocês compartilhem a sua alegria, compartilhem o seu amor, compartilhem a sua bem-aventurança. Se nesse compartilhamento alguém for servido, ajudado – isso não é um fim, não houve nenhum motivo.

Vocês já estavam desfrutando ao compartilhar. Quando suas ações tornam-se em si mesmas recompensas, vocês estão realmente vivos, despertos.

A ciência tem de aceitar que vem negligenciando a parte mais importante da existência: a consciência humana. E, quando a ciência começar a se mover na direção da interioridade do homem, as religiões vão começar a desaparecer espontaneamente. Vão se tornar sem significado.

Quando o conhecimento estiver disponível, quem vai acreditar? Quando a experiência estiver disponível, quem vai lê-la numa Bíblia, num Alcorão? Quando vocês tiverem alimento disponível para comer, não acho que optarão por pegar um livro de culinária para ler. Isso vocês poderão fazer depois, ou talvez possam não precisar fazê-lo.

Vocês têm dentro de si a chave do segredo e, agora, é responsabilidade da ciência ajudá-los a encontrar a chave.

Minha religião é científica. Por isso não temos nenhum sistema de crença. Temos métodos, assim como a ciência tem métodos. Ela explora os objetos através de seus métodos; nós exploramos a nossa consciência através dos nossos métodos.

Nossos métodos são chamados de meditações. Elas são absolutamente científicas. Nenhuma oração é científica, porque primeiro a pessoa tem de acreditar em um Deus. E só então ela pode orar, porque uma oração tem de ser dirigida a alguém. A meditação não é dirigida a ninguém, é apenas um método de cavar dentro de si mesmo. E a pessoa está ali! Não é necessário acreditar que ela está ali. Na verdade, mesmo que ela queira negar, não se pode negar a si mesmo. A própria negação vai provar sua existência.

Essa é a única coisa que é inegável. Tudo o mais pode ser negado. Talvez seja uma miragem no deserto, talvez seja um sonho, talvez ela esteja alucinando, talvez esteja hipnotizada e vendo coisas que não estão ali. Tudo no mundo pode ser negado, exceto o si mesmo.

Você é a realidade mais fundamental – inegável, indubitável. E descobrir isso é uma experiência científica.

No mundo futuro, a nova humanidade, o novo homem não precisará vincular religião e ciência, colocá-las mais próximas uma da outra, impedi-las de lutar e destruir uma a outra – isso não será necessário. Estamos criando uma ciência com a mesma metodologia com que todas as outras ciências são criadas. Uma vez que tenhamos estabelecido a meditação como um método científico – o que não é difícil, todos podem fazer... Não é necessário um grande laboratório – a pessoa é o laboratório! E nada mais é necessário: nem tubos nem estufas nem substâncias químicas, nada é necessário. Tudo o que se precisa para conhecer a si mesmo é proporcionado pelo seu próprio nascimento. Basta dar um pequeno giro de 180 graus...

O médico, psicanalista, filósofo e escritor John Lilly disse: "Aquilo em que a mente acredita é verdade ou se torna verdade". Você poderia, por favor, comentar isso?

É isso que vem acontecendo no decorrer dos tempos. Esse é caminho da auto-hipnose. John Lilly está absolutamente errado. "O que a mente acredita", diz ele, "é verdade."

Não é, apenas parece verdade. E ele diz: "...ou se torna verdade". Nunca se torna verdade pelo fato de se acreditar, mas começa a parecer ser verdade. Sim, para o crente se torna verdade, embora não seja verdade – porque a crença começa a existir a partir da ignorância.

A crença não pode criar a verdade; a verdade já existe, a verdade é. Não precisamos acreditar nela para ela existir – nossa crença ou descrença não vai fazer nenhuma diferença para a verdade. A verdade é a verdade, quer acreditemos nela ou não.

Porém, se uma pessoa acredita em algo, aquilo começa a parecer ser verdade, pelo menos para ela. Esse é o significado da crença: significa acreditar em algo como sendo a verdade. Ela sabe que não *sabe*, sabe que a verdade lhe é desconhecida, mas em sua ignorância começa a acreditar, porque a crença é barata. Descobrir a verdade é árduo, necessita de uma longa peregrinação. Necessita de um grande esvaziamento da mente, necessita de uma grande limpeza do coração. Necessita de certa inocência, de um renascimento; a pessoa tem de voltar a ser criança.

Apenas muito poucas pessoas se atreveram a descobrir a verdade. E é arriscado, porque a verdade pode não consolá-lo; não tem a obrigação de consolá-lo. É arriscado, pois pode abalar tudo aquilo que você conheceu antes. E você terá de rearrumar toda a sua vida. A verdade é perigosa, pode destruir todas as suas ilusões, pode abalar todos os seus sonhos. É realmente caminhar através do fogo. A verdade vai queimá-lo como você é, vai matá-lo como você é. E quem sabe o que vai acontecer depois?

Como a semente pode saber que, secando no solo, ela vai se tornar uma grande árvore? Ela não estará lá para testemunhar o acontecido. Como a semente pode saber que um dia, se ela morrer como semente, haverá uma grande folhagem, folhas verdes, grandes galhos, e flores e frutos? Como a semente pode saber? A semente não estará lá. A semente tem de desaparecer antes que isso possa acontecer. A semente nunca encontrou a árvore. A semente tem de desaparecer e morrer. Só muito poucas pessoas têm tanta coragem.

Realmente é preciso ter entranhas para descobrir a verdade. A pessoa irá morrer como ela mesma – certamente renascerá, mas como ela poderá ser convencida disso? Que garantia existe? Não existe garantia. Por isso, a menos que você esteja com um mestre que morreu e renasceu, que se crucificou e ressuscitou – a menos que depare com um homem como um Cristo, um Buda ou um Atisha –, você não será capaz de reunir coragem suficiente.

Vendo um Buda, algo pode começar a despertar em seu coração, uma corda pode ser tocada, algo pode ser desencadeado, uma sincronicidade. A presença de alguém que chegou pode criar um grande anseio em você, pode se tornar o nascimento de uma busca intensa e apaixonada pela verdade.

A crença não pode lhes dar a verdade, ela apenas finge. Ela é barata, é uma flor de plástico. Você não precisa ter todo o trabalho de fazer crescer uma roseira, pode simplesmente ir ao mercado e comprar flores de plástico – e elas são mais duradouras também, na verdade, são quase eternas. De vez em quando você pode lavá-las e elas ficam novas outra vez. Elas não vão enganá-lo, mas pelo menos podem enganar os vizinhos, e essa é a intenção. Você saberá o tempo todo que elas são flores de plástico – como você pode esquecer isso, você as comprou! Os vizinhos podem ser enganados, mas como você pode ser enganado?

Mas eu não acho que mesmo os vizinhos sejam enganados, porque eles também compraram flores de plástico. Eles sabem que estão enganando você, e sabem que você os está enganando. Todos estão perfeitamente conscientes de que todos estão enganando todos. "Mas é assim que a vida é", dizem as pessoas. Ninguém é realmente enganado, as pessoas simplesmente fingem ser enganadas. Vocês fingem que têm flores reais, os outros fingem que estão sendo enganados. Apenas preste atenção, observe, e você irá experienciar o que estou dizendo. Esse é um fato simples; não estou falando de filosofia, apenas mostrando fatos.

O que John Lilly diz é um completo absurdo. Ele diz: "Aquilo em que a mente acredita é verdade". Nunca é verdade, porque a crença não tem nada a ver com a verdade. Você pode acreditar que é noite, mas, pelo simples fato de acreditar, o dia não vai se tornar noite. Você pode acreditar e fechar os olhos, e para você será noite – mas só para você, lembre-se, não na verdade. Você está vivendo em uma espécie de alucinação.

Há este perigo na crença: ela faz vocês acharem que conhecem a verdade. E como fazem vocês acharem que sabem a verdade, isso se torna a maior barreira na busca.

Crença ou descrença, você está bloqueado – porque a descrença também não é nada senão a crença em uma forma negativa. O católico acredita em Deus, o comunista não acredita em Deus – ambos são crentes. Vá para a Kaaba ou vá para o Comintern, vá para Kailash ou para o Kremlin, é tudo a mesma coisa. O crente acredita que isso é assim; o descrente acredita que não é. E como ambos já estão determinados, sem se darem ao trabalho de ir atrás e descobrir a verdade, quanto mais profunda for a sua crença, quanto mais forte for a sua crença, maior será a barreira. Eles nunca farão uma jornada para descobrir, não veem sentido nisso. Viverão cercados por sua própria ilusão, autocriada, autossustentada; isso pode ser consolador, mas não é libertador. Milhões de pessoas estão desperdiçando a vida na crença e na descrença.

A busca da verdade só tem início quando você se livra de toda crença. Você diz: "Eu gostaria de encontrar a verdade por conta própria. Não acreditarei em Cristo e não acreditarei em Buda. Gostaria de eu mesmo me tornar um Cristo ou um Buda, gostaria de ser uma luz dentro de mim mesmo".

Por que alguém deve ser um cristão? Isso é feio. Seja um Cristo se você puder, mas não seja um cristão. Seja um Buda se tiver algum respeito por si mesmo, mas não seja um budista. O budista acredita, Buda conhece.

Quando você pode saber, quando o conhecimento é possível, por que se contentar em acreditar? Mas, novamente, a sociedade gostaria que você acreditasse, porque os crentes são pessoas boas, obedientes, cumpridoras da lei. Eles seguem todas as formalidades e etiquetas, nunca são agitadores. Eles simplesmente seguem a multidão – qualquer que seja a multidão em meio à qual estejam, eles simplesmente a seguem. Não são seres humanos reais, são ovelhas. Sua humanidade ainda não se realizou.

Alguém um dia perguntou a George Bernard Shaw: "O que você acha da civilização?"

Ele respondeu: "É uma boa ideia. Alguém deveria experimentá-la". Ela ainda não foi experimentada. A humanidade ainda está por chegar; ainda estamos tateando entre a animalidade e a humanidade – estamos no limbo. O homem tem de nascer, o homem tem de ser parido; temos de preparar o terreno para o ser humano aparecer.

E a coisa mais importante que ajudará esse ser humano a aparecer será deixarmos de acreditar – se pudermos deixar de ser cristãos, hindus, muçulmanos, jainistas, budistas, comunistas. Se vocês pararem de acreditar, imediatamente sua energia tomará um novo rumo; ela começará a investigar. E investigar é bonito. Suas vidas vão iniciar uma jornada para a verdade, e nessa própria jornada vocês crescerão.

O crescimento é um subproduto da investigação da verdade. Os crentes nunca crescem, eles permanecem infantis. E, lembre-se, ser inocente e ser infantil são polos opostos, e não a mesma coisa. Ser inocente é bonito. O homem que confia é inocente e o homem crente é infantil. Ser inocente é o ponto máximo no crescimento – é a própria culminância; a consciência chegou ao seu pico fundamental. Ser inocente significa ser um sábio, e ser infantil significa ser apenas alguém que não cresceu.

A idade mental média dos seres humanos na Terra atualmente não é mais que 12 anos. Quando isso foi descoberto, foi um choque enorme. Ninguém jamais havia pensado nisso; só por acaso isso ficou conhecido. Na Primeira Guerra Mundial, pela primeira vez na história humana, as pessoas que eram candidatas, que queriam entrar no exército, foram examinadas. Sua idade mental foi também investigada e seu QI determinado. Foi uma grande revelação que eles não tivessem mais que 12 anos; a média de idade era apenas de 12 anos. Isso é infantilidade. O corpo continua crescendo, e a mente parou aos 12 anos de idade.

Que tipo de humanidade nós criamos nesta Terra? Por que a mente para aos 12 anos? Porque quando se tem 12 anos já se coletou todos os tipos de crenças; já se é um crente, alguém que já "sabe" o que é a verdade. Um é cristão, outro é comunista; um acredita em Deus, outro não acredita em Deus; um acredita na Bíblia e o outro acredita no *Das Kapital*; um acredita no Bhagavad Gita, o outro acredita no Livrinho Vermelho de Mao Tse-Tung. Nós implantamos conceitos e ideologias na mente inocente das pobres crianças. Elas vão se tornando fixadas nos seus conhecimentos. Você sabia que aos sete anos de idade uma criança já sabe 50 por cento de tudo o que irá saber? E quando tiver 14 quase já terá chegado lá; agora não haverá mais lugar nenhum para ir, ela terá apenas de vegetar. Agora existirá como uma couve! Se ela for para uma faculdade, como dizem, poderá se tornar uma couve-flor. Uma couve com educação universitária é uma couve-flor. Mas não há muita diferença, só o rótulo muda. A couve faz um mestrado, um doutorado, isto e aquilo, e apenas para mostrar respeito nós a chamamos de couve-flor. Mas a idade mental continua sendo 12 anos.

O ser humano real cresce até o fim. Mesmo quando está morrendo ele continua crescendo. Até o último momento da sua vida ele ainda estará realizando uma investigação, uma busca, uma aprendizagem. Ele ainda estará investigando – agora investigando a morte. Ele ficará fascinado: a morte é um fenômeno tão desconhecido, tão misterioso, muito mais misterioso do que a própria vida – como um homem inteligente pode ter medo dela? Se, na vida, ele não teve medo de entrar no inexplorado e no desconhecido, no momento da morte ele estará excitado, extasiado. Agora chegou o último momento: ele estará entrando na escuridão, no túnel escuro da morte. Esta é a maior aventura que uma pessoa pode enfrentar; ela estará aprendendo.

Um homem de verdade nunca acredita; ele aprende. Um homem de verdade nunca se torna um entendido; ele sempre permanece aberto, aberto à verdade. E ele sempre se lembra de que "não é a verdade que tem de se ajustar a mim, mas exatamente o oposto: eu é que tenho de me ajustar à verdade".

O crente tenta ajustar a verdade a ele próprio; o buscador se ajusta à verdade. Lembrem-se da diferença, ela é enorme. Aquele que acredita, diz: "A verdade deve ser assim, esta é a minha crença". Pense em um cristão... Se Deus aparece não como Jesus Cristo, mas como Krishna, não na cruz, mas com uma flauta e namoradas dançando a sua volta, o cristão fechará os olhos; ele dirá: "Este não é o meu bálsamo". Namoradas!? Você pode pensar em Jesus com namoradas? A cruz e namoradas não podem andar juntas. Jesus pendurado na cruz e namoradas dançando em volta dele? Isso não se ajusta, será bizarro demais. O cristão estava esperando que Cristo aparecesse, e em vez de Cristo aparece esse sujeito, Krishna – e ele parece um degenerado! E a flauta? O mundo está sofrendo, as pessoas estão famintas e precisando de pão, e esse homem está tocando flauta? Ele parece totalmente desprovido de compaixão, parece indulgente. O cristão não consegue acreditar em Krishna. Se Deus aparecer como Krishna, o cristão dirá: "Este não é Deus".

E o mesmo acontecerá com o hindu, que estava esperando por Krishna: se Cristo aparecer, essa não será a sua ideia de Deus – tão triste, tão deprimido, com tanto sofrimento no rosto. Os cristãos dizem que Jesus jamais ria. Não acho que eles estejam certos, e não acho que estejam representando o Cristo real, mas foi isso que eles foram condicionados a propagar. O hindu não consegue aceitar a revelação; ele deve pensar que isso é algum tipo de pesadelo! Jesus não terá nenhum atrativo para ele.

O crente não consegue sequer confiar na sua própria experiência. Mesmo que a verdade lhe seja revelada, ele a rejeitará, a menos que ela se ajuste a ele. Ele é mais importante do que a própria verdade; a verdade tem a obrigação de se ajustar a ele. Ele é o critério, ele é o fator decisivo. Esse tipo de homem jamais poderá conhecer a verdade; ele já foi subornado, envenenado.

Aquele que quer conhecer a verdade tem de ser capaz de se livrar de todos os conceitos sobre ela. Tudo o que existe sobre a verdade tem de ser descartado. Só assim se pode conhecer a verdade. Preste atenção: saber sobre a verdade não significa conhecê-la. O que quer que vocês saibam pode ser um completo absurdo; há toda a possibilidade de que seja um total absurdo. Afinal, as pessoas podem ser condicionadas a acreditar em qualquer tipo de absurdo; elas podem ser convencidas.

Certa vez fui fazer uma palestra em uma conferência de teosofistas. Ora, teosofistas são pessoas que acreditam em qualquer besteira – qualquer! Quanto mais porcaria for, mais digna de crédito. Então, fiz uma brincadeira com eles. Eu simplesmente inventei uma coisa; inventei uma sociedade chamada "Sitnalta". Eles estavam todos cochilando, e de repente se tornaram alertas. "Sitnalta?" Eu inventei a palavra apenas lendo "Atlantis" de trás para frente, e então lhes disse: "Esse conhecimento vem da Atlântida, o continente que desapareceu no Oceano Atlântico".

Então falei sobre ele: "Na verdade não há sete chakras, mas dezessete. Esse grande e antigo conhecimento esotérico está perdido, mas ainda existe uma sociedade de mestres iluminados, e ela ainda funciona. É uma sociedade muito, muito esotérica, e pouquíssimas pessoas têm permissão de ter qualquer contato com ela; seu conhecimento é mantido totalmente em segredo". Falei todo tipo de absurdo que pude inventar, e então o presidente da sociedade disse: "Eu já ouvi falar dessa sociedade". Agora foi a minha vez de ficar surpreso! E sobre tudo que eu disse, ele comentou que aquela era a primeira vez que o conhecimento daquela sociedade secreta tinha sido revelado com tanta exatidão.

Então começaram a chover cartas para mim. Um homem chegou a me escrever dizendo: "Eu lhe agradeço muito por apresentar esse novo círculo esotérico aos teosofistas, porque sou um membro da sociedade e posso atestar que o que quer que você tenha dito é a mais absoluta verdade".

Há pessoas como estas que estão apenas esperando para acreditar em alguma coisa, porque, quanto mais absurda for uma crença, mais importante ela parecerá ser. Quanto mais absurda ela for, mais digna de crédito – porque, se algo for lógico, não surge a questão de se acreditar ou não naquilo. Vocês não acreditam no sol, vocês não acreditam na lua. Vocês não acreditam na teoria da relatividade – ou vocês a entendem ou não a entendem; não é uma questão de crença. Vocês não acreditam na gravidade, não é preciso! Ninguém "acredita" em uma teoria científica: uma teoria científica é simplesmente lógica. A crença só é necessária quando algo ilógico, algo totalmente absurdo, é proposto.

Tertuliano disse: "Eu acredito em Deus porque isso é absurdo: *credo quia absurdum*, meu credo é o absurdo". Todas as crenças são absurdas. Se uma crença for muito lógica, ela não criará crença em vocês. Assim, as pessoas prosseguem inventando coisas.

O homem é basicamente um covarde, ele não quer investigar. E também não quer dizer "eu não sei". Ora, aquele presidente da sociedade teosófica que disse: "Eu ouvi falar dessa sociedade de Sitnalta" – ele não pode dizer que não conhece, não tem sequer a coragem. Para aceitar a própria ignorância é necessário coragem. Aceitar que você não sabe é o começo do verdadeiro conhecimento. As pessoas continuam acreditando, porque há buracos na vida delas que têm de ser preenchidos, e a crença está facilmente disponível.

Há 300 religiões na Terra. Uma verdade e 300 religiões? Um Deus e 300 religiões? Uma existência e 300 religiões? E eu não estou falando sobre seitas – porque cada religião tem dezenas de seitas, e então há subseitas das seitas, e assim por diante. Se vocês contarem todas as seitas e todas as subseitas, então haverá três mil ou até mais. Como podem persistir tantas seitas, contradizendo umas às outras? As pessoas têm certa necessidade – elas precisam não parecer ignorantes. Como preencher essa necessidade? Reúna algumas crenças. E, quanto mais absurda for a crença, mais conhecimento você parecerá ter, porque ninguém mais saberá nada a respeito dela.

Há pessoas que acreditam em uma Terra oca, e que dentro da Terra existe uma civilização. Ora, se alguém lhes diz isso vocês não podem negar; vocês não podem aceitar isso, mas pelo menos têm de ouvir com atenção. Isso serve a um propósito: todos querem ser ouvidos atentamente. E uma coisa é certa: esse homem sabe mais do que vocês. Vocês não sabem se a Terra é oca ou não, esse homem sabe. E quem sabe? Ele pode estar certo. Pode ter coletado mil e uma provas; pode argumentar em defesa daquilo, pode propor de tal forma que vocês, pelo menos, têm de ficar em silêncio se não concordarem.

Crentes e crentes e crentes... mas onde está a verdade? Há tantos crentes, mas onde está a verdade? Se John Lilly estivesse certo, então o mundo estaria repleto de verdades, poderíamos cruzar com elas em toda parte. Todos teriam uma verdade, porque todos são crentes. Não, isso é um total absurdo.

Ele diz: "Aquilo em que a mente acredita é verdade ou se torna verdade". Não. Aquilo em que a mente acredita nunca é verdade, porque ela não necessita de crença. A crença é uma barreira à verdade. E aquilo em que a mente acredita nunca se torna verdade porque ela não pode se tornar; a verdade já é, ela já é o caso. Vocês têm de enxergá-la – ou podem continuar evitando vê-la, mas ela está aí. Nada precisa ser acrescentado a ela; ela está eternamente aí.

A melhor maneira de evitar a verdade é acreditar. Então você não precisa olhar para ela. Seus olhos estão cheios de crença; a crença funciona como poeira nos olhos. Você se torna fechado dentro de si mesmo, a crença se torna uma prisão em torno de você. A crença fecha você: então você vive dentro de si mesmo em uma existência sem janelas, e pode continuar acreditando no que quer que queira acreditar. Mas, lembre-se, é crença, e crença é uma mentira.

Deixe-me dizer que, mesmo quando a verdade lhe for dita, não acredite nela! Explore, investigue, busque, experimente, experiencie – não acredite nela. Mesmo quando a verdade lhe for comunicada, se acreditar nela, você a transformará em uma mentira. Uma verdade acreditada é uma mentira, a crença transforma a verdade em uma mentira.

Acredite em Buda e acreditará em uma mentira. Acredite em Cristo e acreditará em uma mentira. Não acredite em Cristo, não acredite em Buda, não acredite em mim. O que eu disser, ouça com atenção, de maneira inteligente; experimente, experiencie. E, quando tiver experienciado, será que precisará acreditar naquilo? Não restará nenhuma dúvida, e então qual será a razão da crença?

A crença é uma maneira de reprimir a dúvida; você duvida, e então necessita da crença. A rocha da crença reprime o surgimento da dúvida. Quando você sabe, você sabe! Você sabe e pronto; não resta dúvida. Sua experiência expulsou toda a escuridão e toda a dúvida. A verdade está presente... você está repleto dela. A verdade jamais cria a crença.

Como atingir a verdade? Livrando-se de todos os tipos de crenças. E, lembre-se, estou falando de *todos os tipos* – a crença em mim está incluída. Experiencie-me, caminhe junto comigo, deixe-me compartilhar com você o que eu vi, mas não acredite, não seja apressado. Não diga: "Então, qual é o propósito disso? Osho já viu, então tudo o que me resta é acreditar". O que eu vi não pode se tornar sua experiência enquanto *você* não o tiver visto. E é a experiência da verdade que o liberta da ignorância, do cativeiro, da infelicidade. Não é a crença que o liberta, é a verdade.

Jesus disse: "A verdade liberta". Mas como atingir a verdade? Não é uma questão de crença, mas uma questão de meditação. E o que é meditação? Meditação é esvaziar completamente a sua mente de todas as crenças, ideologias, conceitos, pensamentos. Só em uma mente vazia, quando não houver nenhuma poeira no espelho, a verdade pode se refletir. Esse reflexo é uma benção.

Para que você está preparando o seu povo?

Estou preparando o meu povo para tudo e para nada. O segundo é mais importante. O primeiro é só uma preparação para o segundo. "Tudo" inclui tudo o que é necessário para uma pessoa chegar ao seu ser, ser preenchida, ficar satisfeita, ficar naquele estado fundamental em que não há desejo, não há necessidades; no qual a pessoa é suficiente em si mesma. Esse estado abençoado é o estado do nada.

O necessário para atingir o nada implica alguns pontos essenciais.

O primeiro ponto essencial é ser um rebelde.

Todas as religiões destroem o potencial de rebeldia no homem – é óbvio, porque ensinar a rebelião significa ensinar as pessoas a se rebelar contra a tradição, contra a convenção, contra a sociedade, contra a religião, e estes são interesses estabelecidos das religiões. A rebelião tem de ser absolutamente reprimida. Mas, no momento em que o espírito da rebelião morre em um homem, este passa a viver apenas uma existência póstuma – porque o espírito da rebelião é o seu verdadeiro espírito.

Todas as religiões têm ensinado justamente o contrário. Elas ensinam o homem a acreditar. Eu ensino a duvidar. Elas ensinam a ter fé, eu ensino a investigar. Elas lhes dão tudo já pronto, e eu digo que, a menos que o homem atinja algo pelo seu próprio esforço, isso será absolutamente inútil. Um Deus que foi entregue a você não vale nada. Uma escritura sagrada que vem através da tradição, para você simplesmente absorvê-la como um papagaio, é uma coisa suicida. Você vai se envenenando, porque, quanto mais informado se torna, menor a possibilidade de investigar, buscar e encontrar.

Quando você adquire essa ideia estúpida de que já sabe, a questão da investigação não pode surgir. A questão da investigação só surge quando você sente que não sabe nada. Mas nenhuma religião lhe permite pensar que você não sabe nada. Elas continuam lhe impondo conhecimentos, catecismos, doutrinas e dogmas. Vivem enchendo sua mente com todos os tipos de palavras vazias. Uma palavra é sempre vazia a menos que contenha a sua experiência.

A minha palavra não pode ser um alimento real para vocês. Ela será vazia – apenas o contêiner. E o conteúdo? Não há como transmitir o conteúdo. Eu posso lhes transmitir o contêiner, a palavra, mas como posso lhes transmitir minha experiência, que sempre fica para trás? A palavra vai até vocês e eu a vejo como uma palavra morta em suas mãos. E o que eu queria transmitir, comunicar, transferir, fica para trás, nunca sai de mim.

Por isso, a verdade é inexpressável.

Somente os idiotas continuam a falar sobre a verdade. E esses idiotas acreditam que o que estão dizendo é a verdade. Estão apenas falando um monte de besteiras e nada mais. Eles são paroleiros, mas conseguem acreditar que estão transferindo alguma coisa para vocês. Eles mesmos não têm nada além de palavras, mas acham que estão transmitindo alguma coisa.

Mas um homem que conhece jamais pode sentir que é possível transferir a verdade. Sim, ele pode inspirá-lo a buscá-la, mas não pode transferir a verdade em si para você.

Assim, a primeira coisa é o espírito de rebelião – o que implica a dúvida, o ceticismo, a investigação. Para isso, é necessário uma enorme coragem, porque você irá contra todos aqueles que estão no poder. Os políticos, os sacerdotes, os super-ricos, os pedagogos nas universidades – todos eles estão em posições poderosas. Seu esforço de investigar é uma declaração contra todos eles, porque eles estão dizendo: "A verdade foi encontrada por Jesus Cristo; vocês não têm de se preocupar com isso. Só precisam acreditar em Jesus Cristo".

Ora, isso é tão estúpido quanto alguém dizer: "A teoria da relatividade foi descoberta por Albert Einstein. Vocês não precisam se preocupar com a teoria da relatividade – simplesmente acreditem em Albert Einstein".

Você acha que ter fé em Albert Einstein vai fazer com que entenda alguma coisa sobre a teoria da relatividade? O que a sua fé em Einstein tem a ver com a teoria da relatividade? Elas não estão de modo algum relacionadas uma com a outra.

O mesmo acontece com Jesus, Krishna, Zaratustra, Buda, Maomé. É impossível para vocês saberem o que Jesus sabe, pelo simples fato de acreditarem em Jesus. Em primeiro lugar, como vocês sabem que ele sabia? Em segundo lugar, como podem destruir o ceticismo que veio dentro de vocês desde o seu nascimento?

A fé é ensinada. A dúvida é sua capacidade natural. A existência lhe proporciona a qualidade da dúvida, e os interesses estabelecidos destroem essa qualidade e a encobrem com as crenças. As crenças estão a favor deles, não a seu favor.

Sou um pouco louco porque estou falando contra a minha própria profissão, mas não posso evitar. Eu poderia ter me tornado um professor internacional, com milhares de seguidores, se não tivesse sido louco o bastante para começar a lhes dizer a verdade A verdade é que todos os interesses estabelecidos estão contra você: contra a sua individualidade, sua natureza, sua potencialidade. Eles têm suas ideias, suas expectativas, e querem que vocês preencham seus ideais. Querem que vocês se tornem apenas bonecos em suas mãos. E, quanto mais se comportarem como bonecos, mais respeitáveis vocês serão.

Um dos meus professores, S.S. Roy, me amava tanto que costumava me dizer: "Eu sempre me preocupo com você. Sei que tudo o que você faz, você faz com sinceridade, mas neste mundo a sinceridade não traz recompensa. A autenticidade não é respeitada. A rebelião é esmagada. E as pessoas que estão no poder são suficientemente poderosas para esmagar qualquer indivíduo, porque toda a sociedade – os tribunais, as leis, o governo, tudo – está nas mãos delas. Você é impotente".

E eu lhe disse: "Eu sei que eles têm algum poder, mas, por favor, não diga que eu sou impotente. Eu também tenho algum poder, não da mesma categoria, mas de uma categoria mais elevada. Eles podem me matar, mas não podem matar a minha verdade. E, para mim, a minha verdade é mais importante do que a minha vida, porque a minha vida algum dia vai acabar. Se ela acabar a serviço da verdade, então terá certa eternidade, porque a verdade não pode ser destruída. Vocês podem crucificar Jesus, mas como podem crucificar a verdade do homem? Se ele tinha alguma verdade, essa verdade irá sobreviver. Vocês podem envenenar Sócrates, mas..."

Eu disse ao professor S.S. Roy: "Eu o amo como se fosse meu pai, e sei o quanto você me ama e o quanto me respeita, o que é algo muito inusitado – que um professor tão respeitado em todo o país, esteja respeitando um aluno –, mas não posso aceitar o seu conselho. Você o está dando com a melhor das intenções – sou grato por isso. Mas deixe-me ser crucificado, deixe-me ser envenenado, deixe que todo o poder se vire contra mim; no entanto, eu lhe digo que a minha experiência me torna muito mais poderoso do que todas essas pessoas. O poder delas é apenas temporário; o poder que a verdade lhe proporciona é eterno".

Ele me disse: "Eu entendo, mas não consigo deixar de ficar preocupado com você. Tenho pesadelos com você... de que alguém vai lhe dar um tiro, de que alguém vai crucificá-lo, de que alguém vai envenená-lo". E todos esses esforços foram feitos; ele estava absolutamente certo. Sempre que acontecia uma tentativa contra a minha vida, eu sempre o informava: "Um dos seus pesadelos se tornou realidade. Mas eu sobrevivi a ele; portanto, não fique preocupado. Seus outros pesadelos também poderão ocorrer, mas eu sobreviverei".

Para ter o espírito da rebelião, tudo o que é necessário é ter entranhas; e vocês as têm. Vocês apenas se esqueceram delas. Todo indivíduo nasce com uma enorme coragem. A natureza não é parcial. Não deu coragem a Alexandre, o Grande, e deixou de dar a você; não é assim. No que diz respeito à natureza, a existência é absolutamente comunista. Os comunistas não são comunistas, mas a existência é absolutamente comunista. Não há categorias: não há pessoas corajosas e pessoas covardes. Não, a natureza simplesmente cria pessoas corajosas. A covardia é criada por aqueles que querem continuar no poder para sempre. Estes criam os covardes, porque somente os covardes não se rebelam.

E isso é muito fácil: eles descobriram, em milhares de anos, todas as táticas. Tornaram-se extremamente espertos. Descobriram todas as maneiras possíveis de enfraquecer as pessoas, de destruir a própria ideia de ser um rebelde. Para tornar as pessoas covardes, eles criaram um inferno – que não existe em parte alguma. Mas desde criança as pessoas são programadas para saber que, se fizerem certas coisas, vão sofrer no inferno. E às vezes isso é tão ilógico.

Bertrand Russell está certo quando diz que "se todos os crimes que eu cometi, todos os crimes com os quais sonhei em toda a minha vida, tiverem de ser punidos, nem o tribunal mais cruel pode me enviar para a cadeia por mais de quatro anos. E o cristianismo diz que vou sofrer o inferno eterno!" Ora, qualquer idiota pode entender que a punição é demasiada. Parece que Deus gosta de punir as pessoas, torturar as pessoas; do contrário, que crimes vocês estão cometendo? Vocês podem cometer um crime que mereça o inferno eterno? Podem pensar em um crime que mereça o inferno por toda a eternidade? Por maior que seja o crime – a pessoa pode ser Adolf Hitler, pode ser Joseph Stalin, Mao Tse-Tung –, deve também haver um limite. Mesmo que Adolf Hitler tenha cometido milhões de crimes, o inferno eterno não seria justo.

E quanto às pessoas comuns? Vocês podem ter mentido às vezes; podem ter feito algo que sua religião proíbe. Podem ter sonhado com algo que a sua sociedade não aprova. Podem ter fugido, em seu sonho, com a esposa de outro – somente em seu sonho. Mas o jainismo diz que seus sonhos também serão punidos, porque não faz diferença se um homem fugiu com a esposa de outro ou sonhou com isso – no Oriente, a própria vida não é nada mais do que um sonho. Ambos são sonhos, a diferença é apenas de duração. Na noite em que no sonho você fugiu com a esposa de outro, a duração foi curta, talvez poucos minutos, mas a intensidade foi grande. A duração foi curta, mas a intensidade foi grande. Nesses poucos segundos, você sentiu prazer, realmente sentiu prazer. E, como isso aconteceu no seu sonho, a mulher não podia ser uma vadia – a menos que você goste de mulheres vadias; mas isso é outra questão. O sonho é seu, vai refleti-lo. Se você sonha com mulheres vadias, isso simplesmente significa que é isso que você quer, e então naturalmente é isso que você merece.

O jainismo diz que a vida exterior, de olhos abertos, é também um sonho. Ela dura mais tempo, mas sua intensidade não é tão profunda. Sua duração pode ser de anos, mas não é profunda. Então, se a pessoa coloca seu sonho de olhos fechados de um lado da balança, e seu outro sonho de olhos abertos do outro lado da balança, é possível que eles possam ter exatamente o mesmo peso, porque a duração de um é longa, mas a superfície é fina; a duração do outro é curta, mas a intensidade é enorme. Em qualquer dos casos, ambos são sonhos, e a pessoa terá de ser punida por ambos.

Desde sua tenra infância, toda religião está criando medo em você. E o outro lado do medo é a ambição. Ambos são criados ao mesmo tempo, não são duas coisas. De um lado o medo é criado: se a pessoa faz determinada coisa ela será punida, e a punição é tornada a mais exagerada possível. Se vocês olharem as ideias de todas as religiões sobre o inferno, ficarão surpresos. Essas escrituras foram escritas por grandes santos, e eu sempre fiquei imaginando se essas pessoas eram santos ou certo tipo de sádico, porque até para imaginar todas essas torturas é preciso ter a mente de um sádico e, de algum modo, sentir prazer na imagem.

Quando o Marquês de Sade, de cujo nome vem a doença *sadismo*, foi finalmente enviado para a prisão... Ele era um marquês, então foi muito difícil pegá-lo. Ele tinha seu próprio território, um pequeno reinado só seu, e foi difícil encontrar pessoas que testemunhassem contra ele. Todos os dias ele necessitava de uma nova mulher para torturar, e conseguia pegar qualquer mulher, qualquer uma em que pusesse os olhos; seus criados saíam e pegavam a mulher. Ele tinha um quarto especial – seria irônico chamá-lo de "quarto do amor", mas era o seu quarto do amor.

Lá estavam pendurados em todas as paredes estranhos instrumentos que ele havia criado; Sade tinha uma mente muito inventiva. Todos aqueles instrumentos eram para torturar pessoas. Ele costumava manter consigo uma maleta, como a maleta de um médico, no caso de estar em algum outro lugar e surgir uma oportunidade. Então ele tinha alguns instrumentos especiais em miniatura em sua maleta portátil – um inferno portátil. O inferno real era em seu palácio.

Finalmente, quando foi preso e obrigado a confessar, ninguém podia acreditar que aquele homem pudesse ter pensado em tantas maneiras de torturar as pessoas. A primeira coisa que ele fazia: a mulher tinha de estar despida e ele a espancava. Ela gritava, chorava e corria, e ele a seguia e a açoitava até que o sangue começasse a escorrer do seu corpo, e só então ele fazia amor com ela. Esse homem escreveu em seu diário todos os detalhes sobre a maneira como seus instrumentos tinham de ser usados, como determinado instrumento enfiaria agulhas sob as unhas... E a pessoa não conseguia escapar; suas mãos ficavam presas no mecanismo e as agulhas penetravam sob suas unhas. Quanto mais ela gritava e quanto mais ela chorava, mais ele se divertia. Ele colocava a mulher em uma cama de gelo, nua, e a obrigava a se deitar sobre ela; ela ficava amarrada à cama de gelo. Naturalmente ela tentaria, de todas as maneiras possíveis, sair dali – e era isso que dava prazer ao marquês.

Quando eu li sobre sua vida e também sobre sua prisão... Porque ele morreu na prisão. Sade foi preso porque era um homem perigoso e não era possível modificá-lo. Durante o tempo em que esteve preso, ele começou a escrever romances. Seus romances são de terceira classe, mas, na medida em que revelavam sua mente criminosa, não havia competidores para eles. Ninguém jamais conseguiu competir com eles, porque o que agora Sade não podia mais fazer de fato, ele fazia em seus romances.

Quando eu estava lendo todas essas escrituras das religiões e a maneira como elas descreviam o inferno, parecia que aquelas pessoas que as estavam escrevendo eram comparáveis a Sade. Em vez de serem chamadas de santos, deveriam ser chamadas de sádicos. Elas não estavam fazendo nada, mas estavam escrevendo. Foi isso que Sade fez na última parte da sua vida: ele gostava de escrever, porque fazer não era mais possível. Esses santos não podiam fazer essas coisas, porque se fizessem não seriam mais santos. Eles também estavam aprisionados – mas na respeitabilidade; toda a sociedade os estava adorando, e eles não podiam perder isso. Então encontraram uma maneira de escrever todas essas coisas que, se houvesse uma possibilidade, uma oportunidade, eles próprios as teriam feito. Na verdade, uma mente sã, uma mente saudável, jamais pensaria nessas coisas.

Todas essas pessoas são doentes – e as religiões todas foram dominadas por pessoas doentes. Aqui eles criaram o inferno; e ao lado, para eles próprios e os outros santos, e para aqueles que cumprirão seus mandamentos, criaram o céu. E no céu há todos os tipos de prazer. Muito estranhamente, as mesmas coisas que eles condenam aqui, que condenam na vida de vocês, estão abundantemente disponíveis no céu. Parece não haver relação lógica nisso. Se algo é ruim na terra, como, de repente, se torna bom no céu? Os muçulmanos condenam o álcool e todas as bebidas alcoólicas; qualquer pessoa que faça uso delas vai para o inferno. Mas no céu – se vocês os ouvirem, os seguirem e acreditarem neles – serão providos não com álcool engarrafado, mas com álcool em rios! No céu, não peça água; no céu muçulmano, quando alguém pede algo para beber, isso significa álcool. Água não está disponível: beber realmente significa beber álcool. Há rios de álcool – não apenas para beber, mas para as pessoas se banharem, nadarem, se afogarem nele! O álcool é disponibilizado aos santos porque na Terra eles foram ascéticos; eles nunca tocaram em álcool. Uma grande recompensa – por não terem tocado em álcool na Terra, no céu eles se afogam em álcool. Aqui eles nunca olharam para uma mulher, nem mesmo em sonhos, porque Deus é tão espreitador que está sempre olhando dentro de cada crânio para ver o que as pessoas estão sonhando, o que estão pensando. Que tipo de Deus essas pessoas criaram!? Será que ele não tinha nada melhor para fazer? E tantos milhões de pessoas...

Os cientistas dizem que em pelo menos 50 mil planetas deve haver vida, que isso é o mínimo. Mais é possível, mas essa quantidade é quase certa: 50 mil planetas como esta Terra, tendo vida. E só se pensa nos sonhos do homem? Olhe para o seu cão dormindo, olhe para o seu gato dormindo. Você pode ter certeza de que eles estão sonhando. O cão de repente abre a boca, pega uma mosca – mas não há mosca – e se satisfaz e volta a dormir. Ele estava sonhando, e sentiu prazer no sonho; mas o pobre cão nunca saberá se aquilo foi um sonho ou a realidade, porque os cães ainda não estão nesse estado de alerta em que possam fazer uma distinção entre o sonho e a realidade.

As crianças pequenas também não podem. Crianças muito pequenas acordam de manhã chorando, e, se você perguntar por que, elas dirão que estavam brincando com alguém e que aquele alguém de repente desapareceu. Elas estavam sonhando; agora estão despertas e o sonho não está mais ali, mas para elas não há diferença entre o sonho e a realidade. É necessária uma pequena maturidade para fazer a distinção.

Então, Deus deve estar olhando dentro da cabeça dos besouros, dos búfalos e dos burros, e fazendo registros sobre todo mundo para ver quanta punição e quanta recompensa dar.

Toda essa ideia serve apenas para tornar as pessoas temerosas e ambiciosas. Mas sem Deus é muito difícil administrar o céu e o inferno; é necessário um administrador, pois este é um vasto universo. Para administrar as ações de todos e aplicar a todos a quantidade certa de tortura, a quantidade certa de prazer, de acordo com seus atos – a lei do carma –, um grande administrador, onipotente, onisciente, onipresente, um deus é uma absoluta necessidade. Do contrário, quem vai presidir o inferno e o céu, e quem vai manter a paz? Sem um administrador, essas pessoas que estão no inferno a qualquer momento vão tomar o céu. Vocês acham que Adolf Hitler, Stalin, Mao Tse-Tung, Napoleão, Alexandre, Nadirshah, Tamerlane, Genghis Khan – vocês acham que essas pessoas iriam permanecer silenciosas no inferno por toda a eternidade? Eles teriam tomado o céu há muito tempo, por que quem são seus santos? Esses pobres camaradas teriam sido retirados e lançados no inferno: "Vão! Saiam daqui!" E se Alexandre, o Grande, chegasse no céu, vocês acham que São Francisco seria capaz de dominá-lo? Ou quando chegasse um homem como Nadirshah...

Sempre que Nadirshah invadia um país – ele invadiu muitas vezes a Índia –, um grande exército marchava à sua frente para declarar que ele estava chegando. Um método especial que Nadirshah usava era ir queimando as aldeias e vilas no caminho. Essa era a declaração de que "Nadirshah está chegando". Não havia necessidade de dizer nada a ninguém: ele simplesmente continuava incendiando todas as aldeias por onde passava, e imediatamente todos em todo o país sabiam que Nadirshah estava chegando. Tantas aldeias incendiadas, e as pessoas fugindo e morrendo... e o exército continuava incendiando. Nenhuma outra declaração era necessária.

Certa vez, uma dançarina, cuja fama havia chegado até Nadirshah... Ele estava voltando da Índia e, no caminho, alguém disse: "Bem perto daqui, a apenas poucas milhas de distância, há uma mulher muito bonita, uma grande dançarina".

Então ele disse: "Ótimo. Tragam-na aqui. Esta noite teremos uma celebração".

A mulher foi levada até ele. Ela dançou até o meio da noite e foi bem recompensada, porque Nadirshah estava saqueando todo o país. Ela não conseguia acreditar nas coisas que ele lhe deu – tantos ornamentos preciosos, que ela nunca havia visto na vida. Mas ela disse: "Por favor, dê-me um homem também, porque com tantos ornamentos preciosos... Eu nem sei quanto eles valem. Nunca vi essas coisas. E olhe que não sou uma mulher pobre! Até reis vêm me ver, mas você é o rei dos reis. Ninguém me deu tantos tesouros apenas por uma dança. Então, mande-me pelo menos um soldado para eu me sentir protegida até chegar em minha casa".

Ele disse: "Essa não é a maneira de Nadirshah proceder. Deixe meu exército incendiar todas as aldeias no caminho para as pessoas saberem que uma dançarina do acampamento de Nadirshah está voltando para casa. E não se preocupe com a escuridão, porque todas as aldeias estarão em chamas; você vai viajar como se fosse dia claro".

E foi isso que ele fez: por sete milhas ao longo da estrada, todas as aldeias e florestas foram incendiadas. A mulher não conseguia acreditar no que via – aquele homem criava a luz do dia no meio da noite.

Vocês acham que podem manejar esse tipo de pessoa? E essas pessoas não estão sozinhas lá; estão todas juntas. Ora, pobres companheiros como São Francisco, Jesus, Buda e Mahavira terão que simplesmente fugir ao verem essas pessoas. Eles próprios vão lhes pedir: "Por favor, nos mandem para o inferno. Não queremos mais viver aqui. Vocês são bem-vindos".

Tanto para céu como para o inferno, é necessário um grande administrador, um chefe que seja tão poderoso que todas as pessoas não serão nada diante do seu poder.

As crianças pequenas estão sendo alimentadas com um programa. Este está transformando uma mente viva em um computador morto. O inferno que o mantém com medo está dentro de você, e o céu que mantém sua ambição também. E Deus também, observando continuamente o que vocês estão fazendo, o que estão pensando, o que estão sonhando. Isso é vida ou algum tipo de pesadelo? E como é possível ser rebelde em tal situação? É arriscado demais.

Um dos amigos e seguidores de Krishnamurti na Índia é Dada Dharmadhikari. Ele é também um grande seguidor e amigo de Mahatma Gandhi. E, estranhamente – ele é muito velho –, ele é também amigo meu, mas comigo a amizade é difícil. Seu filho era o procurador geral do Estado de Madhya Pradesh e morava em Jabalpur, onde eu era professor. Eles moravam a apenas meia milha de distância de mim.

Dada Dharmadhikari, quando queria descansar ou quando estava doente, ia passar uma temporada com o filho; do contrário, estaria sempre em movimento. Ele é um dos grandes oradores da Índia. Não acredita no céu, no inferno nem em Deus; é um seguidor de Krishnamurti, mas não é um seguidor moderno – não é como um seguidor californiano, que muda como a moda. Para o californiano, o tempo mais longo é três anos. Essa é a média para o californiano – três anos para o casamento, depois um divórcio é necessário; três anos para um emprego, depois o deixa; três anos na universidade, depois a abandona; três anos em um lugar, depois ele se cansa e então se muda novamente. Três anos para o movimento Hare Krishna, depois três anos para os Moonies* – três anos para tudo.

Dada Dharmadhikari não é desse tipo. Por 50 anos, desde o início, quando Krishnamurti começou, ele esteve trabalhando com ele e, portanto, é completamente programado

---

* *Moonies* – seguidores da Igreja da Unificação, movimento religioso fundado por Sun Myung Moon, conhecido como Reverendo Moon. (N.R.)

por Krishnamurti. Isso que os seguidores de Krishnamurti não conseguem entender. Eles podem entender que os cristãos são programados, podem entender que os hindus são programados, podem entender que todos os demais são programados, mas os seguidores de Krishnamurti não. É aí que eles não entenderam Krishnamurti e sua mensagem. Eles também são programados. Os hindus estão repetindo o que lhes foi dito e eles estão repetindo o que Krishnamurti lhes disse. Nem os hindus tiveram a experiência nem eles a vivenciaram.

Eu dizia repetidamente a Dada Dharmadhikari: "Dada..." – *dada* significa irmão mais velho, um tratamento muito respeitoso, e ele era velho o bastante para ser meu avô. Eu dizia: "Dada, você deve entender uma coisa, que qualquer coisa que você esteja dizendo é também um programa. Você tem sido programado por Krishnamurti há 50 anos. Nenhum hindu é tão programado, porque uma criança escuta por alguns anos seus pais e depois está entregue a si mesmo. Aqueles anos já são suficientes para estragá-lo. O que dizer a seu respeito? Cinquenta anos! Você está estragado há muitas vidas, desde as próprias raízes".

Ele dizia: "Mas isso não é uma programação, é entendimento. Eu sei que não existe Deus, não existe inferno nem céu – nada. Isso tudo é bobagem e lixo".

Eu dizia: "Tudo bem. Talvez algum dia, 'se Deus quiser', eu consiga desmascará-lo".

Um dia seu filho veio correndo até mim e disse: "Dada está chamando por você. Ele está muito doente". Ele havia tido um leve ataque cardíaco, e então fui vê-lo. Entrei no quarto e ele estava repetindo "Rama, Rama, Rama..." com os olhos fechados – porque, quando se está morrendo, quando se tem um ataque cardíaco na velhice, os hindus lembram o nome de Deus. Os hindus acreditam que, se uma pessoa morrer com o nome *Rama* nos lábios, todos os seus pecados serão perdoados. Essas pessoas são muito espertas: elas lhes incutem muito medo e também lhes ensinam truques para evitá-lo, porque tudo está nas mãos delas. Assim, se no último momento, ainda que uma única vez, você disser "Rama" e morrer, isso será o bastante.

Elas têm uma história: um homem que era um ladrão e assassino estava morrendo; pense em qualquer coisa, qualquer crime: ele era um especialista nele. Ele estava morrendo. Tinha um filho cujo nome era Narayana: Narayana é outro nome de Deus. Os hindus têm mil nomes para Deus, por isso é muito difícil encontrar um nome que não seja um nome de Deus.

Eu insistia com meus pais: "Não terei nenhum nome que seja o nome de Deus; então, vocês têm de encontrar alguma outra coisa". Por muitos anos eles não conseguiam me chamar por qualquer nome. Simplesmente me chamavam de "Rajah": *Rajah* significa rei, não tem nada a ver com Deus. Mas isso foi apenas por pouco tempo; enquanto isso eles pesquisaram e acabaram encontrando um nome. Devia ser a primeira vez em toda a história do homem que meu nome, Rajneesh, era usado, porque vocês não vão encontrá-lo em nenhum outro lugar. Sim, agora há três ou quatro crianças na Índia cujo nome é Rajneesh, em homenagem a mim, porque seus pais são *sannyasins*, mas eu fui o primeiro a ter esse nome.

Esse é um nome criado. Vocês não vão encontrar nenhum precedente. Eu procurei, pesquisei bastante, mas não encontrei nenhum, porque ele foi criado, era artificial. *Rajni* significa noite, e *Rajneesh* significa o senhor da noite, a lua. Foi uma criação do meu tio poeta. Gostei do nome. Eu disse: "Este serve. Pelo menos não há nele menção a Deus. É absolutamente purificado de religião, não há nele nenhuma religião".

Então, aquele homem que era um criminoso e assassino estava morrendo. Ele havia feito todo tipo de coisas e nunca fora apanhado. Certamente, estava no caminho do inferno. Mas no último momento ele disse "Narayana!", chamando seu filho, e morreu. Seu filho, que estava fora do quarto, entrou; no momento em que o filho chegou até ele, o homem já estava morto. Os hindus têm a história de que o homem, por ter usado o nome de Deus, alcançou o céu e foi aceito como um santo respeitado.

É dessa maneira que essas pessoas os têm feito de tolos, dando-lhes medo, mas também fazendo uma provocação: todos os desejos são satisfeitos no céu. E eles também lhes dão métodos muito simples – apenas o nome de Deus em seus lábios no último momento, apenas uma vez. Às vezes acontece de o homem morrer inesperadamente. A morte nunca vem com uma data, informando que "às seis horas da tarde de hoje esteja pronto, pois eu vou chegar". Ela simplesmente chega, e, uma vez que chega ali, a pessoa se vai. Os hindus também encontraram um método para essa situação, porque milhões de pessoas morrem sem o nome de Deus nos lábios. Então, quando elas estão mortas, o *brahmin* chega e repete no ouvido do homem morto o nome de Deus. Na boca do homem morto eles despejam água do Ganges, porque a água do Ganges é tão pura quanto o nome de Deus – mesmo no corpo de um homem morto que não está mais ali! Mas esses truques...

Dada Dharmadhikari, um homem que é um ateísta convicto, antirreligioso, antitudo – inferno, céu, Deus – repetindo o nome de Rama! Eu disse a seu filho: "Fique quieto. Deixe-me chegar perto dele". O quarto era mantido no escuro para ele não ser perturbado, e então me movi lentamente e cheguei bem perto dele. Ele estava repetindo, sem saber que eu estava ali: "Rama, Rama, Rama..."

Eu disse: "Estou aqui, escutando".

Ele disse: "Quem é você?"

Eu disse: "O homem que queria expor você. Esta é a oportunidade! O que está fazendo? Apenas um leve ataque cardíaco e Krishnamurti está acabado! Cinquenta anos eliminados, apagados!"

Ele disse: "Este não é o momento para discussões. Estou morrendo – por favor, não neste momento".

Mas eu disse: "Quando você está morrendo é exatamente o momento que tenho para mantê-lo corretamente no caminho, porque, se você morrer repetindo 'Rama, Rama', vai morrer como um idiota. Não posso deixar que isso aconteça".

Ele disse: "Não importa se você vai deixar ou não..." e fechou os olhos e recomeçou: "Rama, Rama, Rama..."

Eu disse: "O que está fazendo? O ataque cardíaco já passou, você está vivo. E foi um ataque cardíaco muito leve, mais adiante você vai ficar com vergonha de si mesmo". Na manhã seguinte, quando ele estava um pouco melhor, fui vê-lo. Eu disse: "E quanto a 'Rama, Rama'?"

Ele disse: "Estou realmente envergonhado, mas o que aconteceu foi que, quando ouvi o médico sussurrando para meu filho as palavras 'ataque cardíaco', pensei: 'Agora não é o momento de pensar se Deus existe ou não, ou se há um céu ou um inferno. Por toda a minha vida estive negando Deus. Como vou encará-lo se, por acaso, ele realmente existir? Então não há mal nenhum nisso; na escuridão, sem ninguém escutando, posso repetir seu nome. Se ele não estiver lá, não estou perdendo nada; se estiver, eu lhe pedirei perdão. No último momento eu me lembrei de você!'"

E eu disse: "E quanto aos seus 50 anos? E quanto a todas as suas discussões? Venho lhe dizendo repetidamente que você é como um papagaio. É difícil mudar papagaios velhos, mas, se você reconhecer que também está programado, isso será bom. Não importa quem o tenha programado".

Meu trabalho com meus *sannyasins* é de desprogramação.

Nos Estados Unidos há psicólogos que se chamam de desprogramadores. Eles não são desprogramadores, eles são reprogramadores. Se alguns pais descobrem que seus filhos estão mudando para alguma religião que não é a deles, até os pais são conhecidos por raptar seus filhos. Algo desconhecido em toda a história do homem está acontecendo atualmente – os pais estão raptando os próprios filhos dos Moonies, dos Hare Krishnas, e levando-os para psicólogos que estão fingindo ser desprogramadores. O que eles realmente fazem não é desprogramação, mas reprogramação. Eles apagam o efeito e o programa dos Moonies; até este ponto, é verdade que eles estão desprogramando. Mas então eles reprogramam a pessoa para o cristianismo se ela tem pais cristãos, ou para o judaísmo se ela tem pais judeus.

Isso é reprogramação. Esses psicólogos estão agindo a serviço dos interesses constituídos. Eles são criminosos.

O jovem estava tentando de algum modo escapar de uma prisão; é claro que estava entrando em outra, mas, pelo menos, essa era nova, algo a ser explorado. Pelo menos não estava tão enraizada quanto a antiga. A antiga era um prédio dilapidado pronto para desmoronar a qualquer momento. Pelo menos ela estava se mudando para uma casa nova. Esta também ia ser uma prisão, mas mais moderna, com todos os últimos desenvolvimentos: televisão, rádio, eletricidade, telefone. Ela não estava perdendo nada: não estava perdendo a prisão nem estava perdendo qualquer outra coisa. Os psicólogos reprogramam as pessoas, as obrigam a voltar para a velha casa, que vai desmoronar a qualquer momento, e chamam a si mesmos de "desprogramadores". Depois acusam os pais. Os psicólogos é que são criminosos, cobrando pelo seu próprio crime.

Meu trabalho é exatamente a desprogramação. Eu simplesmente desprogramo vocês. Não importa se vocês são hindus, muçulmanos, cristãos, fanáticos por Jesus, testemunhas de Jeová, seguidores de Hare Krishna ou dos Moonies – qualquer que seja o seu tipo, qualquer que seja a sua marca, isso não importa – eu simplesmente os desprogramo. E não estou lhes dando nenhum programa em seu lugar. Estou os deixando sós, entregues a si mesmos. Não lhes dou nenhuma doutrina que substitua o inferno, que substitua o céu, que substitua Deus – não. Levo embora tudo com que vocês foram programados e deixo-os entregues a si mesmos para buscar e pesquisar. Quem sou eu para reprogramá-los?

Assim, a primeira coisa é recuperar o espírito rebelde com o qual você nasceu – que não é um programa, que é o seu ser natural.

A segunda coisa: tornar-se indivíduos.

A sociedade tenta fazer de você uma pessoa, nunca um indivíduo. Uma pessoa é alguém que tem uma personalidade, e esta é uma máscara. A sociedade ensina-o a como se sentar, como se levantar, como se comportar, como agir em determinadas situações. De todas as maneiras possíveis a sociedade o está preparando para que você possa se ajustar ao *status quo*.

Meu pai, sempre que estava zangado comigo, costumava me dizer: "Você sempre permanecerá um desajustado!"

Eu lhe dizia: "Para mim, essa é uma palavra de enorme respeito. Sim, eu quero permanecer sempre um desajustado. Em toda sociedade, em todo lugar, em toda nação, em todo país, quero permanecer um desajustado, porque, no momento em que eu me ajustar, serei apenas um dente numa engrenagem. Então não serei mais eu".

Personalidade é a máscara que lhe foi dada para manter sua face original escondida. É todo o traje com o qual aos poucos você se torna identificado. Se algo permanece fixado em sua face durante anos, você se torna identificado com aquilo, porque você olhará seu rosto no espelho e verá a máscara. Nos olhos das pessoas você verá a máscara. As pessoas estarão lhe dizendo como você é bonito, como seus olhos são bonitos, e você ficará identificado. Não há como descobrir que aquilo é apenas uma máscara, que por trás dela você é outra criatura. Aquilo não é quem você estava destinado a ser.

Personalidade é aquilo que a sociedade consegue fazer de você. E individualidade é aquilo que a sociedade teme. A personalidade é criada pela sociedade de acordo com suas próprias exigências, mas a individualidade é selvagem, natural. Não foi feita para se ajustar a algum mecanismo; não pode ser transformada em um dente na engrenagem.

Eu quero que vocês sejam indivíduos, não pessoas. Abandonem sua personalidade. Abandonem todas as ideias que as pessoas incutiram em vocês. Sim, às vezes essas ideias são muito gratificantes. Alguém diz: "Como você é bonito!" Você tem a coragem de pedir: "Por favor, dê-me alguma prova disso?"

Foi o que aconteceu com um dos meus diretores. Ele queria que de algum modo eu me ajustasse à sua faculdade. Eu era um desajustado e um problema cotidiano. Quase todos os dias eu era levado até ele e ele dizia: "Isso é estranho. Nunca vi nenhum estudante que fosse trazido até mim todos os dias, regularmente. Você nunca está ausente?"

Eu dizia: "Não posso me permitir estar ausente – eu gosto muito disso".

Ele tentou de tudo comigo. Talvez pensasse que me apoiar poderia ajudar. Punir-me não adiantava, expulsar-me não adiantava. Fui expulso de outras faculdades e não adiantou. Então ele disse: "Você é uma pessoa tão bonita, tão inteligente..."

Eu disse: "Espere. Você tem de me dar provas disso. Baseado em quê o senhor acha que eu sou bonito? Dê-me provas disso. Baseado em quê o senhor acha que eu sou inteligente? O senhor acha que dizendo essas coisas conseguirá destruir minha individualidade?" Porque as pessoas querem ser conhecidas como bonitas e inteligentes, e quando alguém lhes diz isso elas aceitam; ninguém vai recusar o elogio.

Eu disse: "O senhor não pode fazer esse jogo comigo. Pelo que me diz respeito, o senhor é feio; e se o senhor quer provas eu lhe trago provas. Pelo que me diz respeito, o senhor não é inteligente. Se fosse inteligente, teria visto que comigo essa sua estratégia não iria funcionar. O senhor não é inteligente. Como pôde acreditar que poderia me comprar tão barato?"

Ele ficou chocado, mas disse: "Você tem razão. Talvez eu não seja inteligente o bastante, porque nunca pensei que poderia dizer a alguém 'Você é inteligente' e ele se recusar a aceitar isso e me pedir provas".

Diga até para um idiota: "Você é ótimo, tão inteligente, tão repleto de sabedoria", e nem o idiota irá negá-lo. Essas chances não ocorrem todos os dias; raramente alguém lhe diz que você é repleto de sabedoria. Raramente alguém se dá ao trabalho de lhe dizer que você é bonito. E um diretor dizendo isso a um aluno! Era quase um certificado de caráter.

Os outros massageiam seu ego, dizem coisas – que vocês são tão bons – para vocês começarem a se comportar bem, porque têm de manter o padrão que as pessoas estão esperando de vocês. Elas dizem que vocês são bonitos e vocês começam a se olhar mais tempo no espelho, arrumando o cabelo, a maquiagem etc. Vocês têm de manter o padrão: as pessoas os acham bonitos. E vocês nunca pensam, por um único momento, que estão sendo manipulados. Essas pessoas estão simplesmente puxando suas cordinhas, e vocês estão se tornando marionetes.

Qualquer pessoa pode ser facilmente manipulada; é preciso apenas saber que tipo de personalidade lhe foi dada. Apenas um pequeno conhecimento e já se sabe onde estão as cordas a serem puxadas para que ela dance conforme a música do manipulador. E toda a sociedade está fazendo isso. As pessoas estão dançando a música dos políticos.

A personalidade é seu inimigo. Ela está nas mãos daqueles que os estão explorando, que os estão destruindo.

Você tem de se livrar da personalidade. Tem de se livrar de todas as ideias que os outros têm implantado em você: que você é isso, que você é aquilo – não! Você tem de descobrir quem você é por si próprio. É um pouquinho árduo, mas extremamente gratificante. Certamente é uma operação difícil, porque sua personalidade já se tornou quase sua pele, de tão colada que está em você. Você está tão identificado com ela que nunca pensa que você não é ela.

A primeira coisa a ser lembrada é que você não é sua personalidade. Quem você é realmente você ainda não sabe, porque antes que tomasse consciência disso – da sua realidade, da sua face original – a sociedade já havia lhe imposto um padrão, um modelo. Ela já havia começado a cortar e se livrar de qualquer coisa que não fosse adequada a ela. Já havia começado a adicionar a você coisas arbitrárias, artificiais, para torná-lo adequado à sociedade.

Toda sociedade cria seu próprio tipo de personalidade, porque toda sociedade tem uma estrutura diferente.

Na África do Sul há uma tribo, ainda viva, em que, quando o chefe passa... Você não pode imaginar que isso possa ser uma expectativa em uma sociedade, mas é a expectativa naquela. E há também o oposto. Por exemplo, na Índia, se uma mulher muito ortodoxa viesse me ver, ela tocaria meus pés e então andaria para trás. Não me mostraria suas costas. Não, isso é desrespeitoso; na Índia isso não é esperado de uma senhora. Ela andaria para trás, da mesma maneira que faz no templo. Ela continua olhando a estátua, toca seus pés, oferece o que quer que tenha levado, e depois anda para trás. Ela não pode mostrar suas costas para Deus.

Mas nessa tribo da África do Sul, quando o chefe está passando, toda mulher tem de ficar de pé do lado da estrada mostrando suas nádegas nuas ao chefe! Isso é respeito. Talvez ele fique interessado nas nádegas de alguma... E o chefe as inspeciona, porque se não inspecioná-las estará sendo desrespeitoso com essas mulheres. Nessa sociedade essa é a personalidade. Toda sociedade pode ser motivo de riso para outra sociedade, mas dentro da sua própria sociedade vocês estão adequados e, portanto, não enxergam nenhum absurdo.

No final da Idade Média, e mesmo depois, continuava um sistema em que na Europa as mulheres usavam certa vestimenta, e por baixo havia uma estrutura de arame para não se poder imaginar o corpo da mulher. Ela parecia uma boneca, toda redonda, como um guarda-chuva aberto. Era uma coisa parecida com um guarda-chuva, tocando o chão. Não se podia sequer ver os pés das mulheres.

Bertrand Russell lembra-se que em sua infância... e ele pertencia a uma família de lordes. Ele próprio era lorde Bertrand Russell, mas deixou de usar essa palavra feia. Ele diz: "Era impossível ver os pés de uma mulher. E isso era suficiente – se às vezes por acaso um homem visse os pés da mulher, era suficiente para deixá-lo sexualmente excitado".

Você pode não acreditar nisso, pelo menos não na minha comuna. Uma mulher pode andar ao seu lado despida e você não olhará duas vezes para ela, nem vai parar sequer para lhe prestar um pequeno respeito. Esse é o significado da palavra *respeito*: na sua origem latina, a palavra respeito significava 'espectar, olhar outra vez'. Respeito não significa outra coisa, simplesmente significa olhar outra vez. Aqui, você pode nem sequer estar consciente se a pessoa que passou era um homem ou uma mulher – ninguém se importa.

Russell diz: "Na minha infância, ver os pés nus das mulheres era suficiente". Na Inglaterra, até o início da era moderna, achava-se que a rainha não tinha dois pés separados, eles eram unidos! Uma rainha tinha de ser algo especial. Era natural pensar isso, porque ninguém jamais havia visto os pés da rainha. Era crença comum, em toda a Inglaterra, que a rainha não era uma mulher comum: suas pernas eram unidas. Somente agora, com as saias se tornando cada vez mais curtas, de vez em quando o vento brinca com a realeza e as nádegas não apenas são vistas, mas fotografadas por jornalistas! Então você sabe, meu Deus – é exatamente igual às outras mulheres!

Em toda sociedade, uma vez que uma ideia é imposta, ela continua por séculos. Você tem de entender tudo o que lhe foi imposto para poder se libertar dessa carga. O simples entendimento é suficiente para se libertar.

Você começa a sentir uma separação crescendo, lentamente, entre você e sua personalidade. Você começa a observar como sua personalidade muda de cara. Encontrando um homem pobre, observe sua reação; encontrando um homem rico, observe sua reação – e verá que há uma diferença.

De onde vem essa diferença? Ambos são pessoas de igual valor; a pobreza ou a riqueza não faz o homem. Mas ensinaram a você que há uma diferença, e sua personalidade, sem você perceber, imediatamente muda.

Quando você estiver diante do seu chefe, tome consciência da sua cauda, que estará balançando. Quando você está diante do seu chefe, está sempre sorrindo. Por quê? Isso é a sua cauda balançando.

Vocês já viram os cães? Às vezes, quando eles estão desconfiados, fazem as duas coisas: latem e balançam o rabo. Estão em um dilema, não conseguem decidir qual é a coisa certa a fazer, se esse homem tem de ser expulso do local ou se a sua entrada pode ser permitida. Em tal dificuldade, uma dificuldade lógica, eles fazem as duas coisas; o que quer que aconteça, não importa – uma coisa pode ser detida. Se o dono sai de casa e cumprimenta o homem, o cão imediatamente para de latir e continua balançando o rabo. Até mesmo o cão tem uma personalidade. Ele sabe o que tem de ser feito, o que é esperado dele.

Observe a si mesmo em situações diferentes. Alguém o insulta; o que acontece com você, qual é sua reação? Você tem de prestar mais atenção na sua reação do que no insulto dele – isso é problema dele. A sua reação é problema seu. Você fica com raiva? Ou é capaz de ouvir em silêncio o que quer que a pessoa esteja dizendo sem qualquer reação – porque essa seria a coisa certa a fazer. Primeiro ouvir o que ela está dizendo. Talvez ela esteja certa. Se ela o chama de ladrão, por que ficar com raiva? Se você não é ladrão, tem de corrigir o equívoco dela. E, se é ladrão, ou corrija-se ou simplesmente sinta-se grato a ela por ter apontado algo em você. Mas não vejo o motivo da raiva. Quer você seja ou não ladrão. Simplesmente observe sua própria reação. Se você for ladrão, então ela estará simplesmente chamando uma pá de uma pá. Ela não é seu inimigo. Simplesmente lhe agradeça e diga: "Você está certo, e sou realmente grato por ter me apontado isso e me tornado consciente desse fato. Sim, eu sou um ladrão".

Então simplesmente observe a reação que isso provocará nessa pessoa – porque ela vai ficar confusa. Vai se ver na mesma posição que o cão. Ela ficará confusa, porque estava esperando por raiva da sua parte e você demonstrou um grande entendimento. Ela ficará simplesmente chocada. Não conseguirá acreditar que o fato de ela chamá-lo de ladrão não tenha feito com que você se sentisse insultado. E, se você não for ladrão, poderá simplesmente dizer: "Você terá de se informar melhor sobre isso, pesquisar mais. Não sou ladrão. Você pode continuar acreditando nisso, mas está completamente equivocado".

Mas não vejo razão para raiva. Observe suas ações e reações e veja que seu problema são suas ações, suas reações, suas respostas. Você não tem nada a ver com as ações da outra pessoa; isso é problema dela. Devolva o problema para ela – e essa é a maneira de devolvê-lo. Então você estará completamente limpo, você sairá da situação limpo.

Dessa maneira, pouco a pouco, sua personalidade desaparece, e sua face original começa a aparecer – a qual tem uma enorme beleza e graça. Ela não tem a beleza do corpo, mas uma beleza que é algo mais profundo do que o corpo, e uma graça que não é alcançada por anos de oração em igrejas, em templos. De repente você sente uma nova cor, uma nova fragrância em torno de você. No momento em que sua face original é descoberta, você está no caminho para a liberdade, a autenticidade, a totalidade, o destemor.

É isso que eu quero dizer por "tudo" o que é necessário para atingir o nada.

Tudo é a circunferência e nada é o centro. Tudo é o ciclone e nada, o centro. Mas a menos que todas essas coisas aconteçam – um espírito rebelde, a individualidade, sua face original, liberdade, destemor, autenticidade, totalidade –, você não pode penetrar no seu interior.

A sociedade não quer que você entre. A sociedade quer que você saia – quanto mais afastado do seu centro, melhor, porque quanto mais longe você estiver mais útil você será para a sociedade; você poderá ser usado como um meio. A sociedade não consegue usar uma pessoa que está assentada no centro de seu ser. Ela está além do alcance da sociedade. E a pessoa que está assentada no seu centro, que é o nada, o puro nada, apenas espaço, puro espaço... Quando você olha a partir dessa pureza, seus olhos são capazes de encontrar a verdade em toda parte. Seus olhos são capazes de encontrar beleza em toda parte. Seus olhos são capazes de ver que você estava cego antes. E não são apenas seus olhos, todos os seus sentidos se tornam extremamente capazes.

Você normalmente ouve, mas não escuta. O ouvir e o escutar não estão juntos. É claro que você pode ouvir neste momento, porque tem ouvidos; mas escutar necessita de algo mais. Por trás dos seus ouvidos deve haver uma consciência silenciosa.

Neste momento há uma montanha de pensamentos atrás dos seus ouvidos; não há silêncio e, assim, você apenas ouve. Eu digo uma coisa, você ouve outra, porque essa montanha de pensamentos está continuamente se misturando com tudo o que você ouve. Está mudando, editando, adicionando: está fazendo todo tipo de coisas sempre que você está ouvindo, mas não está escutando.

Escutar só é possível quando seus ouvidos estão ocupados por um espaço silencioso – quando você é apenas um observador. Então você pode ouvir a mais bela música nas pequenas coisas. Simplesmente o vento passando através dos pinheiros, e você pode ouvir uma música que nenhum músico pode criar. Você consegue ver beleza nas coisas mais simples – um pássaro voando –, com as quais nunca se importou antes.

Você começa a sentir os cheiros de uma maneira totalmente nova. Não são apenas os olhos que são capazes de ver uma pessoa. Você ficará surpreso em saber que, quando o seu espaço interior está disponível para todos os seus sentidos, você também começa a "cheirar" uma pessoa. Se uma pessoa é irreal, você cheira isso imediatamente; se uma pessoa está mentindo, você cheira isso imediatamente. Você ficará surpreso em saber que o cheiro do corpo de cada indivíduo é diferente. Biologicamente, o cheiro do corpo tem algo a ver com sexualidade. Você já deve ter visto os animais cheirando os órgãos sexuais uns dos outros. Você acha que eles são loucos? Exceto o homem, ninguém fica louco. Pode parecer estranho que através do cheiro o cão esteja tentando encontrar uma namorada. Ele não está olhando o rosto dela, não está olhando o seu nariz, não está olhando seus olhos e sua cor, não está olhando para o seu cabelo loiro para ver se ela é ariana pura, nórdica, germânica – ele a está cheirando. Ele sabe mais do que você. A menos que o cheiro dela o atraia, aquela garota não é para ele, porque o cheiro dá o indício da potencialidade biológica da garota. O sistema hormonal dela é indicado pelo cheiro.

E você vê o que o homem está fazendo? Está tentando, de todas as maneiras possíveis, esconder seu verdadeiro odor corporal com desodorantes, com sabonetes, com perfumes. O que você está fazendo? Você pode não ter consciência, mas está fazendo isso porque todos os demais estão fazendo isso. Estão tentando esconder seu odor sexual, porque não vivem em uma sociedade livre como o cão. Vocês vivem em uma sociedade que é absolutamente uma sociedade de escravos. O odor biológico do marido pode não se adequar à esposa; o odor dela também pode não se adequar ao marido. Então, ambos têm de esconder o odor. E se o seu odor de repente, na rua, atrair alguém, e alguém se aproximar e disser "eu me apaixonei pelo seu cheiro", você ficará chocado. "Essa pessoa é louca – se apaixonou pelo meu *cheiro*!?"

Não, a pessoa tem de esconder seu odor corporal com perfumes, desodorantes, de todas as maneiras, para que ninguém na rua, no mercado, em um clube, se aproxime dela e, de repente, sinta que os odores dos dois se ajustam. Vocês podem não ser marido e mulher, podem nem sequer se conhecer. O odor corporal não tem nada a ver com relacionamento, apresentação, religião, casta, marido, esposa, casamento. Ele não sabe nada. O homem vem tentando evitá-lo porque ele é perigoso. Mas, mesmo que você não o evite, ele não será tão perigoso, porque o seu olfato também está obstruído. Não há espaço interno, atrás do nariz, que possa detectar não apenas sua sexualidade, sua atração sexual, mas sua autenticidade, sua sinceridade, sua honestidade.

Quando todos os sentidos estão imersos no nada sobre o qual eu estou falando, a pessoa sente a existência pela primeira vez, de todas as portas, de todas as janelas que se abrem para a existência. Mas, se você está ausente nesse momento, quem vai olhar através da janela? A janela pode estar aberta, mas a pessoa não está ali.

Você me pergunta o que estou tentando fazer com vocês, meus *sannyasins* – nada menos que uma ressurreição, um renascimento, para que eu possa colocá-los naquele ponto de onde a sociedade os desviou. Então, mais uma vez você pode partir desse ponto e seguir na direção que é natural para você. Não tenha medo. A natureza lhe provê com todas as garantias de que, se você se mover naturalmente, irá atingir o objetivo, o seu destino. Ele não está distante, está bem ao seu lado: você só tem de estender a mão. Mas sua mão tem de ser autêntica. Tem de ser a sua mão – não a mão de seu pai, não a mão de sua mãe.

Aconteceu de um homem ter sido surpreendido assassinando outro homem. Ele foi algemado e levado diante do tribunal. Não houve problema porque ele aceitou que havia cometido o assassinato. O juiz lhe perguntou: "Você quer um advogado para defendê-lo?"

Ele disse: "Não, porque não há dúvida: eu cometi o assassinato, e essas pessoas que me prenderam e me trouxeram aqui são minhas testemunhas. Não precisa haver processo nenhum – eu cometi um assassinato. Dê-me o meu castigo".

Em toda a sua vida, o juiz jamais havia visto um homem tão autêntico. Ele disse: "Eu lamento por você. Sinto-me mal e culpado por ter de puni-lo, mas você tem de entender que eu tenho de cumprir a lei. O melhor que posso fazer é lhe dar a pena mínima".

O homem disse: "Faça o que achar direito – mínima, máxima, não importa –, porque, quando eu matei o homem, eu o matei com plena consciência das consequências. E essas pessoas são simplesmente tolas, elas se deram um trabalho desnecessário. Eu mesmo vinha até o tribunal para declarar que havia cometido um assassinato. Então, qual é a minha pena?"

O juiz disse: "Vou lhe dar apenas dez anos de cadeia, embora a punição máxima seja a morte. Isso é o mínimo; menos que isso eu não posso fazer".

O homem disse: "Está perfeitamente certo – não fique infeliz com isso. Mas uma coisa eu quero dizer: o assassinato foi cometido por minhas mãos, não por mim. Você pode prender minhas mãos, mas não pode me prender. Você não tem acusação contra mim. Minhas mãos, como pode ver, ainda estão cobertas de sangue".

O magistrado pensou: este homem é realmente especial! Mas disse: "Está certo, vou sentenciar suas duas mãos a dez anos, mas como você pode ficar fora da cela quando suas mãos estão lá dentro?"

O homem disse: "Isso não é problema seu, é problema meu".

O juiz deu a sentença de que as mãos dele deviam ser mantidas na cadeia durante dez anos. O homem tirou fora suas duas mãos, que eram artificiais, colocou-as sobre a mesa diante do juiz, e saiu do tribunal.

A verdade está muito perto, mas suas mãos têm de ser reais – não mãos artificiais, não as mãos da sua personalidade, mas da sua individualidade.

Meu esforço não é para nada menos que isso: a total transformação do falso em original.

4
A dúvida é a porta para a confiança

Eu ensino meditação porque a meditação não requer a confiança como uma necessidade básica. A meditação é uma ciência, não uma superstição. A meditação diz para experimentar com sua própria mente – ela está repleta de pensamentos; os pensamentos podem estar dispersos, as nuvens podem estar dispersas, e você pode atingir um céu vazio do seu ser interior. E para isso não é necessário confiança – apenas um pouco de coragem, um pouco de esforço, um pouco de ousadia, um pouco de persistência e perseverança, um pouco de paciência, sim, mas não de confiança. Você não acredita em Deus? Isso não é um impedimento para a meditação. Você não acredita na alma? Isso não é um impedimento para a meditação. Você não acredita em nada? Isso não é um obstáculo. Você pode meditar, porque a meditação simplesmente lhe diz como entrar em seu interior; se lá existe ou não uma alma, não importa; se lá existe ou não um Deus, não importa.

Por que a confiança não surge da decisão de confiar?

A confiança não é uma decisão da sua parte. Você não pode decidir por isso. Quando você acabou com a dúvida, quando você chegou ao ponto de ver a dúvida de forma cabal e ficou completamente convencido da inutilidade dela, a confiança aparece. Você tem de lidar com a dúvida, e não tem nada a fazer com relação à confiança. Sua confiança não tem muita importância, porque a sua confiança, a sua decisão, sempre será contra a dúvida. E a confiança não é o contrário da dúvida; a confiança é simplesmente a ausência de dúvida. Quando a dúvida não está presente, a confiança está.

A confiança não é o oposto da dúvida, lembrem-se disso. Apesar do que os dicionários dizem, a confiança não é o oposto da dúvida, assim como a escuridão não é o oposto da luz. Parece ser o oposto, mas não é – porque não se pode destruir a luz trazendo a escuridão. Não se pode provocar a escuridão. Não há como destruir a luz atirando a escuridão sobre ela. A escuridão nunca foi capaz de destruir a pequena chama de uma pequenina vela. Toda a escuridão da existência é impotente diante de uma pequena vela.

Por que isso é assim? Se a escuridão fosse oposta, inimiga, antagônica, então deveria ser capaz às vezes de derrotar a luz. Ela é pura ausência. A escuridão está presente porque a luz não está. Quando a luz está presente, a escuridão não está. Quando você coloca uma luz em seu quarto, já observou o que acontece? A escuridão não sai do quarto; a escuridão não foge do quarto. Vê-se simplesmente que ela não está ali. Ela nunca esteve – é pura negatividade.

A dúvida é como a escuridão, a confiança é como a luz. Se você tem dúvida, então decidirá optar pela confiança. Do contrário, não haveria necessidade de decidir pela confiança. Por que decidir por ela? Você deve estar tendo uma dúvida enorme. Quanto maior a dúvida, maior a necessidade de criar confiança. Então, quando alguém diz "Eu confio fortemente", lembre-se de que ele está lutando contra uma dúvida muito forte. É assim que as pessoas se tornam fanáticas. O fanatismo nasceu porque elas criaram uma falsa confiança. A dúvida delas está viva, não está acabada. A dúvida não desapareceu, a dúvida está ali. E, para lutar contra a dúvida, elas criaram uma confiança contra ela. Se a dúvida for muito forte, elas têm de se apegar fanaticamente à sua confiança. Quando alguém diz "Sou um crente convicto", lembre-se de que, no fundo do coração, ele está carregando a descrença. Do contrário, não haveria a necessidade de ser um crente convicto. A simples confiança bastaria – mas por que a convicção? Quando você diz para alguém "Amo você *muito* intensamente", algo está errado. O amor é suficiente. O amor não é uma quantidade. Quando alguém diz "Eu o amo muito", algo está errado, porque o amor não é uma quantidade. Não se pode amar menos e mais. Ou você ama ou não ama. A divisão é muito nítida. A questão não é a quantidade, mas a simples qualidade. Quando você diz "muito", deve estar escondendo algo atrás desse "muito" – um pouco de ódio, um pouco de raiva, um pouco de ciúme, um pouco de algo que não é amor. Para esconder isso, você tem de mostrar seu excessivo entusiasmo, o que o chinês chama de "*gung-ho*" – *muito* amor, *forte* confiança, crença *convicta*. Quando você diz que é muito cristão, você absolutamente não é cristão. Se é muito hindu, você não entendeu nada.

Uma noite dessas uma garota me disse que estava com medo. Ela quer receber *sannyas*, mas está com medo, "porque isso vai colocar Cristo em segundo lugar; você vai ficar em primeiro". Ela estava muito confusa. "Eu estarei colocando Cristo atrás de você", disse-me ela. Eu lhe disse:

"Olhe dentro dos meus olhos. Se você realmente ama Cristo, então vai encontrar Cristo em mim. Não vai encontrar duas pessoas. Mas, se você é uma cristã, então isso fica difícil. Esqueça tudo sobre o *sannyas*". Quem ama Cristo pode me amar; não há conflito nisso. Quem ama Krishna pode me amar; não há conflito. Mas se a pessoa é hindu, muçulmana, cristã, então fica difícil. Um cristão não é alguém que ama Cristo. Ser um cristão é uma decisão da sua parte; a dúvida não desapareceu, a dúvida foi reprimida.

Não reprima a dúvida. Ao contrário, observe-a, olhe profundamente dentro dela, analise-a. Não deixe nenhuma parte não analisada, desconhecida. Torne-se familiarizado com todas as camadas da mente duvidosa. Essa familiaridade, essa penetração na dúvida, irá dissolver a dúvida. Um dia, de repente, você vai acordar de manhã cheio de confiança – não como uma decisão sua. Isso não pode ser uma decisão, porque a confiança é algo com que nascemos; a dúvida é uma coisa aprendida. A confiança é tácita, inata.

Toda criança confia. À medida que ela cresce, a dúvida aparece. A dúvida é aprendida. A confiança está sempre ali como um sentimento subjacente em seu ser. Se você abandonar a dúvida, a confiança aparecerá. Por isso, a confiança tem uma enorme beleza, porque ela é pura. Não é contra a dúvida, é simplesmente a ausência da dúvida. A pedra foi removida e o riacho chega borbulhando, fluindo.

Então, por favor, não tente tomar uma decisão quanto à dúvida. Sua decisão será um adiamento; e, quanto mais você decidir, mais vai encontrar, bem no fundo de você, o verme da dúvida aumentando. Então você ficará dividido em dois e jamais se sentirá tranquilo, haverá uma contínua agonia.

Tantas pessoas acreditam em Deus, e bem lá no fundo está a dúvida – pulsando, viva, esperando pela oportunidade de destruir a confiança. E a confiança é falsa, porque a confiança está na periferia, e a dúvida atingiu quase o próprio âmago do seu ser. Nunca decida sobre o amor, sobre a confiança, sobre Deus. Essas coisas não são decisões suas. Não são argumentos, não são conclusões. Quando a dúvida não está mais presente, a confiança está. Ela acontece. Ela flui. Ela surge do canto mais recôndito do seu ser, do seu santuário mais íntimo. Você começa a ouvir uma nova música do ser, um novo estilo de ser, uma nova maneira de ser.

É algo que não vem da mente, vem do ser.

Zen é um caminho de entrega? Se é, por que o ensinamento básico de Buda é "seja uma luz dentro de si mesmo"?

A entrega essencial acontece dentro de você, não tem nada a ver com ninguém fora de você. A entrega básica é um relaxamento, uma confiança – não se deixe enganar pela palavra. Linguisticamente, entrega significa entregar-se a alguém, mas, religiosamente, entrega simplesmente significa confiança, relaxamento. É mais uma atitude do que um ato; você vive através da confiança.

Deixe-me explicar. Você nada na água – vai até o rio e nada. O que você faz? Você confia na água. Um bom nadador confia tanto que quase se sente um com o rio. Ele não está lutando, ele não agarra a água, não está rígido, tenso. Se você ficar rígido e tenso, acabará se afogando; se estiver relaxado, o rio cuidará de você. Por isso, quando alguém morre, seu cadáver flutua na água. Isso é um milagre. Impressionante! A pessoa viva morreu e foi afogada pelo rio, e a pessoa morta simplesmente flutua na superfície. O que aconteceu? A pessoa morta conhece algum segredo sobre o rio que a pessoa viva não conhecia. A pessoa viva estava lutando. O rio era o inimigo. Ela estava com medo, não conseguia confiar. Mas a pessoa morta, não estando ali, como pode lutar? A pessoa morta está totalmente relaxada, sem tensão – de repente o corpo vem à tona. O rio cuida dela. Nenhum rio pode afogar uma pessoa morta.

Confiança significa que você não está lutando; entrega significa que você não pensa na vida como uma inimiga, mas como uma amiga. Quando você confia no rio, de repente começa a desfrutar dele. Surge um enorme prazer: pular na água, nadar, ou simplesmente boiar, ou mergulhar fundo. Mas você não está separado do rio, está fundido com ele, você e ele se tornaram um só.

Entrega significa viver da mesma maneira na vida que um bom nadador nada no rio. A vida é um rio. Você pode lutar ou pode fluir; pode forçar e tentar ir contra a corrente, ou pode fluir com o rio e ir onde quer que ele o conduza.

A entrega não está relacionada com alguém; ela é simplesmente um modo de vida. Não é necessário um Deus ao qual se entregar. Há religiões que acreditam em Deus, há religiões que não acreditam em Deus, mas todas as religiões acreditam na entrega. Assim, a entrega é o verdadeiro Deus.

Até mesmo o conceito de Deus pode ser descartado. O budismo não acredita em nenhum Deus, o jainismo não acredita em nenhum Deus – mas são religiões. O cristianismo acredita em Deus, o islamismo acredita em Deus, o sikhismo acredita em Deus – também são religiões. O cristão ensina a entrega a Deus; Deus é apenas uma desculpa para a entrega. É uma ajuda, porque seria difícil alguém se entregar sem nenhum objeto. O objeto é apenas uma desculpa para que, em nome de Deus, você possa se entregar. O budismo diz simplesmente: entregue-se – Deus não existe. Você simplesmente relaxa. Não é uma questão de algum objeto, é uma questão de sua própria subjetividade. Relaxe, não lute. Aceite.

A crença em Deus não é necessária. Na verdade, a palavra *crença* é feia. Ela não mostra confiança, não mostra fé – crença é quase o contrário de fé. A palavra crença* tem implícito nela o sentido de desejar, ansiar. Deixe-me explicar. Você diz: "Eu acredito no Deus misericordioso". O que está dizendo exatamente? Está dizendo: "Eu desejo que haja um Deus misericordioso". Quando você diz "eu acredito", você está dizendo "eu desejo intensamente", "eu anseio". Mas você não sabe.

Se souber, não há questão de crença. Você acredita nas árvores que estão aqui? Acredita no sol que surge toda manhã? Acredita nas estrelas? Não existe questão de crença. Você sabe que o sol está lá, que as árvores estão aqui. Ninguém acredita no sol – se acreditasse, você diria que isso é loucura. Se alguém chegasse e dissesse "eu acredito no sol", e tentasse convertê-lo, você diria: "Você ficou louco!"

* *Belief*, "crença" em inglês, é derivada de *lief*, que significa "desejar", "ansiar". (N.T.)

Ouvi uma história:

Uma senhora, Lady Lewis, foi nomeada embaixadora dos Estados Unidos na Itália. Ela era uma católica recentemente convertida e, é claro, quando as pessoas se convertem, ficam muito entusiasmadas. E ela estava aborrecendo todo mundo. Qualquer pessoa que entrasse em contato com ela, ela tentava convertê-la ao catolicismo.

A história diz que, quando ela foi para a Itália como embaixadora, foi logo ver o papa. Então começou uma longa discussão – e esta se prolongava. Um repórter foi se aproximando cada vez mais para ouvir o que estava acontecendo. O papa nunca havia concedido tanto tempo a alguém, e a discussão parecia muito acalorada e entusiasmada. Algo estava acontecendo. Quando o papa conversa tanto com a embaixadora da nação mais rica e forte do mundo, deve surgir alguma grande notícia.

Só para entreouvir, ele foi chegando cada vez mais perto. Só conseguiu ouvir uma frase. O papa estava dizendo em um inglês claudicante: "Lady, a senhora não está me entendendo. Eu já sou católico!"

Se alguém se aproximar de você e disser "acredite no sol", você dirá: "Já sou católico. Já acredito. Não se preocupe com isso". Você *sabe*.

Alguém perguntou a Shri Aurobindo: "Você acredita em Deus?" Ele disse: "Não". É claro que quem perguntou ficou muito chocado. Ele havia vindo de longe, da Alemanha, e era um grande buscador de Deus; estava esperando muito desse encontro. Então esse homem simplesmente diz um seco "não". Ele disse: "Mas eu achava que você o conhecia." Aurobindo disse: "Sim, eu o conheço, mas não acredito nele".

Quando você sabe, qual é a razão da crença? A crença está na ignorância. Se você sabe, você sabe. E é bom que, se você não sabe, saiba que não sabe – a crença pode decepcioná-lo. A crença pode criar uma atmosfera em sua mente, na qual, sem saber, você começa a pensar que sabe. Crença não é confiança, e, quanto mais enfaticamente você disser que acredita totalmente, mais estará temeroso da dúvida que está dentro de você.

A confiança não conhece a dúvida. A crença está simplesmente reprimindo a dúvida; é um desejo. Quando alguém diz "eu acredito em Deus", está dizendo: "Não consigo viver sem Deus. Será muito difícil existir nessa escuridão, cercado pela morte, sem um conceito de Deus". Esse conceito ajuda. A pessoa não se sente sozinha; não se sente desprotegida, insegura – daí a crença.

Martinho Lutero escreveu: "Meu Deus é uma grande fortaleza". Essas palavras não podem vir de um homem que confia. "Meu Deus é uma grande fortaleza"? Martinho Lutero parece estar na defensiva. Então Deus é simplesmente uma fortaleza para protegê-lo, para fazê-lo se sentir seguro? Isso vem do medo. O pensamento de que "Deus é minha maior fortaleza" veio do medo, não do amor. Isso não é confiança. Bem no fundo da pessoa há dúvida e medo.

A confiança é simples. É como uma criança que confia em sua mãe. Não é que ela acredite – a crença ainda não entrou. Você já foi criança um dia. Você acreditava em sua mãe ou confiava nela? A dúvida não surgiu, então qual é a questão de acreditar? A crença só surge quando a dúvida foi introduzida; a dúvida chega primeiro. Mais tarde, para suprimir a dúvida, você se apega a uma crença. A confiança é quando a dúvida desaparece; a confiança está presente quando a dúvida não existe.

Por exemplo, você respira. Você inspira; depois expira. Você tem medo de expirar porque quem sabe o ar possa não voltar? Você confia. Você confia que o ar voltará. Naturalmente não há razão para confiar. Qual é a razão? Por que ele deveria voltar? Você pode no máximo dizer que no passado isso já aconteceu – mas isso não é uma garantia. Pode não acontecer no futuro. Se você ficar com medo de expirar porque o ar pode não voltar, então prenderá a respiração. A crença é isto – se apegar, segurar. Mas, se você prender a respiração, seu rosto vai ficar roxo e você vai se sentir sufocado. E, se continuar fazendo isso, vai morrer.

Todas as crenças sufocam e todas as crenças o ajudam a não estar realmente vivo. Elas anestesiam o seu ser.

Se você expira, você confia na vida. A palavra budista *nirvana* significa simplesmente expirar, exalar – confiar. A confiança é um fenômeno muito, muito inocente. A crença está na cabeça; a confiança está no coração. Você simplesmente confia na vida porque veio da vida, vive na vida e voltará de novo à fonte. Não há medo. Você nasceu, você vive, você irá morrer; não há medo. Você nascerá de novo, viverá de novo, morrerá. A mesma vida que lhe deu a vida pode sempre lhe dar mais vida – então, por que ter medo? Por que se agarrar a crenças? As crenças são feitas pelo homem; a confiança é divina. As crenças são filosóficas; a confiança não tem nada a ver com a filosofia. A confiança simplesmente mostra que você sabe o que é o amor. Não é um conceito de Deus que está sentado em algum lugar no céu, manipulando e administrando. A confiança não precisa de Deus; a vida infinita, esta totalidade, é mais do que suficiente. E, uma vez que você confia, você relaxa. Esse relaxamento é entrega.

Então, "o Zen é um caminho de entrega"? Sim. A religião em si é entrega, relaxamento. Não se apegue a nada. O apego mostra que você não confia na vida.

Toda noite, Maomé costumava distribuir qualquer coisa que houvesse colhido no dia. Tudo! Ele não guardava nem um centavo para o amanhã, porque dizia que a mesma fonte que havia lhe dado hoje lhe daria amanhã. Se isso aconteceu hoje, por que não confiar no amanhã? Por que poupar?

Mas, quando ele estava morrendo e muito doente, sua esposa ficou preocupada. No meio da noite um médico poderia ser necessário; assim, naquela noite, ela economizou cinco dinares. Ela estava com medo: "Ninguém sabe – ele pode ficar tão doente à noite, alguma medicação pode ser necessária, e, no meio da noite, a quem eu recorreria? Ou um médico poderá ser necessário e eu terei de lhe pagar a consulta". Sem dizer nada a Maomé, ela economizou cinco dinares.

Próximo à meia-noite, Maomé abriu os olhos e disse: "Sinto certa desconfiança à minha volta. Parece que algo foi economizado".

A esposa ficou com muito medo e disse: "Perdoe-me, mas, achando que algo poderia ser necessário à noite, eu economizei apenas cinco dinares".

Maomé disse: "Vá lá fora e dê-os para alguém".

Ela disse: "No meio da noite? Quem estará lá fora?"

Maomé disse: "Apenas escute e deixe-me morrer em paz; do contrário, vou me sentir culpado, culpado diante do meu Deus. E, se ele me perguntar, vou ficar envergonhado de no último momento eu ter morrido em profunda desconfiança. Ande, vá lá fora!"

A esposa saiu, evidentemente não acreditando, mas um mendigo estava parado lá fora.

Quando ela voltou, Maomé disse: "Olha, Deus dirige bem as coisas, e, se precisarmos de algo, um doador estará parado do outro lado da porta. Não fique preocupada".

Então ele puxou o lençol e morreu imediatamente, totalmente relaxado.

Apegar-se a qualquer coisa, seja o que for, mostra desconfiança. Se você ama uma mulher ou um homem e se apega, isso simplesmente demonstra que você não confia. Se você ama uma mulher e diz "Amanhã você me amará também, ou não?", você não confia. Se vai até o cartório para se casar, você não confia. Confia mais no cartório, na polícia, na lei, do que no amor. Você está se preparando para o amanhã. Se essa mulher ou esse homem trai-lo amanhã ou abandoná-lo, você pode obter apoio do tribunal e da polícia, e a lei estará do seu lado, e toda a sociedade irá apoiá-lo. Você está fazendo arranjos, com medo. Mas, se você realmente ama, o amor é suficiente, mais do que suficiente. Quem se incomoda com o amanhã? Mas no fundo existe dúvida. Mesmo quando você acha que está apaixonado, a dúvida continua.

Conta-se que, quando Jesus ressuscitou depois da sua crucificação, a primeira pessoa que o viu de volta, vivo, foi Maria Madalena. Ela o havia amado intensamente. Correu na direção dele. No Novo Testamento, consta que Jesus disse: "Não me toque". Eu desconfio de Jesus ter dito "não me toque" – isso não parece certo. Algo em algum lugar está errado. É claro que está tudo bem se um papa disser "não me toque", mas Jesus dizer "não me toque"! Quase impossível. Então, tentei encontrar o original. No original, a palavra grega pode significar tanto *toque* quanto *apego*. Então, descobri o engano. Jesus disse "não se apegue a mim" e não "não me toque". Mas os tradutores interpretaram como "não me toque". O intérprete colocou sua própria mente ali. Jesus deve ter dito "não se apegue a mim", porque se há confiança não há apego; se há amor, não há apego. As pessoas simplesmente compartilham sem nenhum apego; elas compartilham em profundo relaxamento.

Entrega significa entregar-se à vida; entregar-se à fonte de onde viemos e para onde um dia vamos voltar. Somos como uma onda no oceano: saímos do oceano e voltamos para o oceano. Entrega significa confiar no oceano – e, é claro, o que uma onda pode fazer exceto isso? A onda tem de confiar no oceano e, quer ela confie ou não, continuará parte dele. Não confiando, criamos ansiedade – isso é tudo.

Nada vai mudar; só que nós ficaremos ansiosos, tensos, desesperados. Se confiamos, nós florescemos, desabrochamos, celebramos, sabendo bem que lá no fundo está nossa mãe, o oceano. Quando estivermos cansados, vamos voltar e descansar de novo em seu seio. Quando estivermos descansados, voltaremos de novo para sentir um gostinho do céu, da luz do sol e das estrelas. Entregar-se é confiar, e isso não tem nada a ver com qualquer conceito de qualquer Deus, qualquer ideologia de qualquer Deus. É uma atitude.

Então você pode entender o significado das últimas palavras de Buda. Seja uma luz dentro de si mesmo. Quando ele diz "seja a luz dentro de si mesmo", quer dizer que, se você tiver se entregado à vida, terá se tornado uma luz dentro de você. Então a vida o conduzirá. Então sempre viverá em iluminação. Quando ele diz "seja a luz dentro de si mesmo", está dizendo para você não seguir ninguém, não se apegar a ninguém. Aprenda com todos, mas não se apegue a ninguém. Seja aberto, vulnerável, mas permaneça por sua própria conta, porque finalmente a experiência religiosa não pode ser uma experiência emprestada. Ela tem de ser existencial; tem de ser só sua. Só então ela será autêntica. Se eu disser algo e você acreditar no que eu disse, isso não vai ajudar. Se eu disser algo e você buscar, e você se entregar, e você confiar, e também experienciar a mesma coisa – então isso se tornará uma luz dentro de você. Do contrário, minhas palavras vão continuar sendo apenas palavras; no máximo poderão se tornar crenças. A menos que você experiencie a verdade delas, elas não podem se tornar confiança, não podem se tornar sua própria verdade. Minha verdade não pode se tornar a sua verdade, do contrário teria sido muito barato. Se a minha verdade pudesse ser sua, então não haveria nenhum problema.

Essa é a diferença entre uma verdade científica e uma verdade religiosa. Uma verdade científica pode ser emprestada. Uma verdade científica, uma vez conhecida, torna-se propriedade de todo mundo. Albert Einstein descobriu a teoria da relatividade. Agora não há necessidade de todos a descobrirem repetidas vezes. Isso seria tolice. Uma vez descoberta, ela se tornou pública. Agora é a teoria de todos. Uma vez descoberta, uma vez provada, agora até mesmo uma criança pode aprendê-la na escola. Agora nenhum gênio é necessário – ninguém precisa ser um Albert Einstein. Até uma mente medíocre poderá aprendê-la; até uma mente comum poderá aprendê-la. Você pode entendê-la e ela é sua. É claro que Einstein teve de trabalhar anos até conseguir descobri-la. Você não precisa trabalhar. Se estiver pronto para entendê-la e se dedicar a estudá-la, em apenas algumas horas a entenderá.

Mas o mesmo não é verdadeiro com relação à verdade religiosa. Buda descobriu, Cristo descobriu, Nanak e Kabir descobriram, mas a descoberta deles não pode se tornar sua descoberta. Você terá de redescobri-la novamente. Terá de partir de novo do ABC; não pode simplesmente acreditar neles. Isso não vai ajudar. Mas é isso que a humanidade tem feito: confundido verdade religiosa com verdade científica. Ela não é uma verdade científica, nunca poderá se tornar uma propriedade pública. Cada indivíduo tem de chegar a ela por si mesmo, cada indivíduo tem de chegar a ela de novo e de novo. Ela nunca estará disponível no mercado. Você terá de enfrentar dificuldades; terá de buscar, pesquisar e seguir o mesmo caminho. Não poderá sequer tomar um atalho. Terá de passar pelos mesmos rigores que Buda, pelas mesmas dificuldades; terá de sofrer as mesmas calamidades que Buda sofreu no caminho e terá de enfrentar os mesmos perigos que Buda enfrentou. E um dia, quando as nuvens desaparecerem, você dançará e ficará tão extático quanto Buda.

É claro, quando um Arquimedes descobre algo, ele corre nu gritando pelas ruas: "Eureca! Eu descobri isso!" Você pode entender Arquimedes em minutos, em segundos, mas não ficará extático – do contrário, todo aluno correria despido pelas ruas, gritando "Eureca!" Ninguém fez isso desde Arquimedes. Isso aconteceu apenas uma vez. Para Arquimedes foi uma descoberta; desde então passou a ser propriedade pública.

Mas é bom que a verdade religiosa não possa ser transferida para você; do contrário, você jamais atingiria o mesmo êxtase de Buda, Jesus ou Krishna. Nunca, porque você aprenderia a verdade num livro-texto – qualquer tolo poderia transferi-la para você. Então, toda a experiência orgástica estaria perdida.

É bom que a experiência religiosa tenha de ser experienciada individualmente. Ninguém pode conduzi-lo a ela. As pessoas podem indicar o caminho, mas essas indicações são muito sutis – não as siga literalmente. Buda disse:

"Seja uma luz dentro de si mesmo". Ele está dizendo: "Lembre-se, a minha verdade não pode ser a sua verdade; minha luz não pode ser a sua luz. Absorva o espírito de mim, torne-se mais sedento, deixe sua busca ser intensa e seja totalmente devotado a ela, aprenda comigo a devoção de um verdadeiro buscador – mas a verdade, a luz, ela arderá dentro de você. Você terá de acendê-la dentro de você".

Você não pode pedir emprestado a verdade, ela não pode ser transferida, não é uma propriedade. É uma experiência tão sutil que não pode sequer ser expressada. Ela é inexprimível. Pode-se no máximo tentar dar alguns indícios.

5
Da escuridão para a luz

O inconsciente é um vasto continente – a turba pertence ao inconsciente, e, em qualquer momento que vocês fiquem possuídos pelo inconsciente, passam a fazer parte da turba. E o inverso também é verdadeiro: no momento em que vocês pertencem a uma turba, caem na escuridão do inconsciente. Então vocês podem fazer qualquer coisa sem se sentirem totalmente responsáveis por aquilo.

É muito importante que isso seja entendido. Se quisermos um mundo melhor, o fenômeno da turba terá de desaparecer, porque é a turba que continua atraindo vocês cada vez mais fundo para a escuridão. E há turbas no mundo todo – onde estão as pessoas?

Ouvi você dizer que o demônio não existe, apenas Deus. Mas de vez em quando há uma onda de conversas sobre possessão do demônio; por exemplo, quando o filme O Exorcista *se tornou um enorme sucesso. O que acontece com uma pessoa que acredita estar possuída? Isso é alguma forma de obsessão ou é realmente um espírito? Isso é um perigo, ou tudo é apenas produto da imaginação?*

O demônio é como a escuridão. Ele é, e no entanto não é. A escuridão é a ausência da luz, o demônio é a ausência de Deus. Quando as pessoas trazem a luz para dentro de si, a escuridão desaparece; quando trazem Deus para dentro de si, o demônio desaparece. Nunca houve um encontro entre a escuridão e a luz, e nunca houve um encontro entre o demônio e Deus.

Há uma antiga história hindu. Certa vez a escuridão foi até Deus, recorreu a ele e disse: "Eu não fiz nada de errado, mas o seu sol todas as manhãs continua me perseguindo sem razão alguma, e estou cansada de fugir daqui para ali, e o sol continua me perseguindo em torno da Terra! Isto é injusto".

Deus disse: "Vou chamar o sol". O sol foi chamado, e Deus perguntou a ele: "Por que você continua criando dificuldades para a minha escuridão? Ela não fez nada de errado contra você. Isso é injusto".

O sol ficou surpreso. Ele disse: "Eu nunca a persegui. Não sei do que está falando. O que quer dizer com escuridão? Nunca deparei com nada desse tipo. Por favor, traga-a até a minha frente".

O caso ainda está nos arquivos. Deus até tentou, mas é impossível colocar a escuridão diante do sol. Isso não é possível na natureza das coisas, porque a escuridão não é uma realidade. Ela existe e, no entanto, não existe. Ela é ausência.

O mesmo acontece com o demônio, e é bom que o demônio seja retratado como escuro, negro. Isso é apenas para mostrar que a sua natureza é como a escuridão. Deus é chamado de "luz" no Alcorão, na Bíblia, nos Vedas. Em todas as escrituras do mundo, Deus é sinônimo de luz. Significativo, importante – isso simplesmente diz que, quando Deus está presente, o demônio não pode estar.

O questionador perguntou: "Ouvi você dizer que o demônio não existe, apenas Deus..."

Sim, mas Deus pode estar ausente. Deus pode estar dormindo – e então o demônio se faz presente. Deus pode estar dormindo profundamente – e então o demônio se faz muito presente. Não lutem contra o demônio, porque isso será lutar contra a escuridão. Se vocês realmente querem destruir a escuridão, simplesmente tragam a luz. Não lutem contra a escuridão; isso é tolice. Não lutem contra o demônio – apenas tragam a luz, apenas tragam Deus, apenas tornem-se um pouco mais conscientes e tornem seu Deus interior um pouco alerta, e o demônio desaparecerá espontaneamente.

"De vez em quando há uma onda de conversas sobre possessão do demônio..."

Tem sido sempre assim. Pelos séculos afora, em todo o mundo, as pessoas têm falado sobre o demônio porque, na verdade, o demônio é mais uma realidade do que Deus nas experiências das pessoas. Deus tem se manifestado apenas para poucas pessoas – em algum lugar para um Buda, um Jesus, um Zaratustra, um Lao-Tsé, um Mahavira; isso tem acontecido muito raramente. O demônio é uma experiência de todos, e por isso você pode encontrar até ateístas, que não acreditam em Deus – você pode encontrar ateístas que acreditam no demônio. Há pessoas que não acreditam em Deus, mas até elas continuam acreditando no demônio, porque o demônio é uma experiência mais sólida das massas, da maioria. Talvez Buda estivesse enganado, alucinado, hipnotizado; observando seu próprio umbigo, ele acabou ficando louco ou algo assim – quem sabe, qual é a prova? Mas milhões de pessoas têm experienciado o demônio.

Sim, isso é verdade; o demônio é uma experiência mais real do que a experiência de Deus, mas ainda assim eu gostaria de lhes dizer que o demônio não existe. Ele é uma experiência maior porque vocês estão dormindo e inconscientes. E a qualquer momento podem ficar frenéticos; podem ser possuídos por ele. A diferença entre um ser humano possuído e um ser humano não possuído é apenas de grau.

Observe sua mente. Você pode sentir o tempo todo que está quase sempre no limite; a qualquer momento você pode entrar no território do demônio. Ele está simplesmente sentado na cerca observando você, convidando você. Feche as portas e janelas, sente-se e escreva qualquer coisa que lhe venha à mente durante 15 minutos, e verá que aquilo é como se fosse uma escritura escrita pelo demônio. Seja verdadeiro; ninguém vai vê-la. Apenas seja verdadeiro e honesto e simplesmente escreva o que está se passando na sua mente. Você sentirá quase como se a loucura estivesse escorrendo de você. Qualquer dia essa loucura pode se tornar demoníaca.

E filmes populares como *O Exorcista*, histórias, incidentes, criam sua própria atmosfera. Quando Marilyn Monroe cometeu suicídio em 1962, o índice de suicídio em várias cidades dos Estados Unidos subiu muito durante alguns dias. Ficou cinco vezes maior em Nova York, Chicago e San Francisco – cinco vezes maior que o usual. Apenas uma mulher cometeu suicídio e muitas pessoas suicidas apareceram; de repente, elas captaram a mensagem. De repente, ficaram obcecadas com isso. As pessoas vivem por imitação, e quando

Monroe, uma mulher tão bonita, pode cometer suicídio, então por que não? Você também pode cometê-lo.

As pessoas simplesmente continuam fazendo coisas por imitação. No Japão, em 1950, uma estudante pulou na cratera de um vulcão. Dois meses depois, 300 estudantes pularam na mesma cratera. O que aconteceu? Que loucura foi essa? As coisas se espalham como infecção. O homem é tão louco, está só esperando que alguma coisa desencadeie a sua loucura.

E você também está propenso; lembre-se disso. Qualquer coisa pode se tornar um desencadeador. Por isso eu insisto: nunca imite, nunca se torne uma cópia carbono de ninguém. Tente se tornar você mesmo, tente ser você mesmo. Proteja sua individualidade e não fique perdido em uma multidão, não se torne parte da mente coletiva.

Se você se tornar uma mente individual, um dia haverá a possibilidade de se tornar membro da mente universal. Mas, se cair na mente coletiva, estará caindo na direção do demônio. A multidão é o demônio, a imitação é o caminho na direção do demônio. Então, quando aparece um filme como *O Exorcista*, muitas pessoas vão começar a falar sobre demônio, fantasmas e possessões, e muitas vão se tornar possuídas, muitas vão ter pesadelos.

A mente é tão incrivelmente influenciável, e com tal facilidade, que esse é o perigo. Foi assim que vocês se tornaram cristãos, hindus, muçulmanos, judeus. Porque ficaram impressionados com os outros, e qualquer coisa que acontece torna-se uma reação em cadeia. Cuidado: você tem de proteger sua consciência. Nunca seja parte de um país. Eu sei que há dificuldades práticas – você tem de ter um passaporte; não estou dizendo para jogá-lo no rio. Mas lembre-se de que essa é apenas uma conveniência. Não se torne parte de nenhum país – Índia, Estados Unidos ou França. Nunca pense em termos de fronteiras. Não pense que você é um cristão ou um hindu ou um muçulmano. Por conveniência prática está certo, mas lembre-se de que no fundo você continua não comprometido, ou melhor, continua comprometido com seu próprio ser.

Isso é uma obrigação, uma das coisas mais fundamentais a serem lembradas; caso contrário, temos o sofrimento da humanidade. As coisas se disseminam como praga, as coisas se disseminam como uma doença infecciosa, e, uma vez que começam a se disseminar, disseminam-se como fogo e se tornam incontroláveis. Você está propenso, sua mente tende a imitar, portanto tenha cuidado. Cultive a individualidade, cultive a sua própria consciência, e então estará cada vez menos ao alcance do demônio.

O demônio significa a mente coletiva. O demônio significa o sono coletivo, a embriaguez coletiva.

Por que a religião e o Estado devem permanecer separados? Não há lugar para a espiritualidade na vida pública?

A religião como tal ainda não existe; por isso, qualquer coisa que seja conhecida como religião deve permanecer separada do Estado pela simples razão de que não é religião – é uma pseudorreligião, uma falsa religião. Você não pode fazer a mesma pergunta com relação à ciência. Você pode perguntar se a ciência e o Estado devem permanecer separados? Ninguém sequer pensa na separação da ciência pela simples razão de que a ciência existe, ela chegou à maturidade, tem contribuído imensamente para o crescimento humano, o bem-estar, a saúde, a longevidade. De toda maneira possível a ciência tem sido uma bênção. Por isso, ninguém pensará na ciência sendo separada do Estado.

A religião ainda não foi uma benção. Tem sido uma praga. Mas, lembre-se, isso não é religião, é pseudorreligião. Cristianismo, hinduísmo, budismo, jainismo, judaísmo, islamismo – estes são todos cultos. Estão todos explorando a humanidade em nome da religião. Não são de modo algum religiões, são superstições.

É claro que as superstições devem permanecer separadas do Estado. Que tipo de superstição ela é, não importa: hindu, cristã, judaica... A superstição de todas as formas e tamanhos deve ser mantida o mais distante possível do Estado, porque o Estado é poder, e se as superstições se juntarem com o poder poderão causar um imenso dano. Elas já estão causando um imenso dano mesmo sem estarem unidas ao Estado. Conseguiram criar um poder próprio, têm seus próprios geradores. É isso que significa "religião organizada".

Uma pessoa realmente religiosa não tem poder. Ela é humilde – não que venha praticando a humildade, mas ela simplesmente gosta de ser humilde. Simplesmente entendeu a estupidez e o sofrimento do ego, e, devido a esse simples entendimento, toda essa bobagem desapareceu. De repente ela se vê humilde, desprovida de ego; ela não tem como fazer mal. Mas a religião organizada nada mais é do que a política em nome da religião. E as pessoas que a organizam não são religiosas, não podem ser. Os papas, os *shankaracharyas*, os *imans*, os rabinos – essas pessoas não são de modo algum religiosas, pela simples razão de que estão cheias de conhecimento, ao passo que um homem religioso sabe que ele não sabe nada. Sabe que a existência é tão misteriosa que não há maneira de reduzi-la ao conhecimento.

Uma pessoa verdadeiramente religiosa é um místico. É um poeta – não porque escreve poesia, mas porque vive a poesia. É um pintor – não porque pinta sobre as telas, mas porque pinta continuamente em sua própria consciência. É um músico; ele pode nunca ter tocado qualquer instrumento, mas está continuamente tocando o seu próprio ser interior, uma música que não pode ser traduzida de alguma maneira, que não pode ser trazida daqueles reinos mais elevados do ser para os inferiores, para os vales mais escuros da nossa vida. É um dançarino; pode não se mover de uma postura para outra, mas seu ser está em uma dança contínua.

Uma pessoa religiosa não pode ser cristã, hindu ou muçulmana. Ser religioso é ser tão vasto que é impossível confinar isso a essas pequenas prisões – igrejas, seitas, credos, dogmas.

Um homem religioso não tem catecismo. Ele conhece o amor, conhece a verdade, conhece a beleza, conhece a autenticidade. Mas também sabe que esses valores são impossíveis de serem expressos por palavras. Você pode vivê-los, pode sê-los – essa é a única maneira de expressá-los. Mas não pode dizê-los. Pode mostrar, mas não dizê-los.

Os cristãos na Índia me perguntam o tempo todo: "Por que você não escreve um livrinho contendo sua visão religiosa, assim como nós temos o catecismo cristão?"

Eu digo: "Vocês podem escrevê-lo porque não são religiosos. Eu não posso porque sou religioso. Minha experiência é tão vasta que não há palavras capazes de contê-la".

A religião nunca existiu até agora. Somente de vez em quando aparece uma pessoa religiosa. E sempre que aparece uma pessoa religiosa, logo as pessoas pseudorreligiosas – os políticos, com máscaras religiosas – se reúnem em torno dela. Não foi Jesus quem criou o cristianismo. Não foi Buda quem criou o budismo. Não foi Mahavira quem criou o jainismo. É muito estranho, quase inacreditável... Jesus foi crucificado pelos romanos, porque a Judeia era um país escravo sob o domínio do Império Romano. E que estranho destino que Roma tenha se tornado a cidadela do cristianismo! E ainda continua sendo a cidadela do cristianismo.

Mahavira lutou contra os hindus, e particularmente contra os brâmanes, a classe sacerdotal entre os hindus. E sua religião foi fundada por 11 brâmanes! Todos eles brâmanes eruditos. Ele lutou durante toda a sua vida contra o bramanismo, e finalmente as pessoas que fizeram a sua religião não foram outras senão os brâmanes. E eles foram perfeitamente eficientes na criação de uma religião, pois tinham toda a experiência de eras.

Os brâmanes foram, durante séculos, os sacerdotes... porque na Índia é decidido no nascimento a profissão que a pessoa vai seguir. A profissão será a mesma que a de seu pai: se ele foi um sapateiro, seus filhos serão sapateiros. Isso vem sendo assim há dez mil anos. De certa forma é muito ruim, pois não há liberdade de movimento, e durante a sua vida a pessoa não pode mudar de ideia e vir a ser outra coisa; mas por outro lado é muito econômico, é economicamente muito eficiente. Do ponto de vista humano é horrível, mas do ponto de vista econômico nada poderia ser melhor. Um menino nasce na casa de um brâmane; desde o primeiro dia da sua vida ele vive no clima de se tornar um sacerdote. Desde sua tenra infância ele é respeitado por toda a sociedade. Não precisa que lhe ensinem, simplesmente capta isso pelo seu ambiente. Quando se torna um rapaz, sabe todos os detalhes do sacerdócio; quando é iniciado no sacerdócio, ele já está pronto. Do ponto de vista econômico é um arranjo perfeito.

Então os 11 brâmanes que consolidaram os ensinamentos de Mahavira, quando ele morreu, viraram todo o relógio para trás. Tudo o que Mahavira fez eles conseguiram desfazer – de uma maneira tão sofisticada, tão inteligente, que nem mesmo agora, após 25 séculos, os jainistas reconhecem que foram governados pelos brâmanes contra os quais toda a vida de Mahavira foi dedicada. Ele lutou contra essas mesmas pessoas que desde então vêm comandando uma religião em seu nome.

O mesmo aconteceu com Buda. Ele não era um brâmane, era um *chhatriya*, a casta guerreira, inferior ao brâmane. O brâmane pertence à casta mais elevada, o guerreiro é o número dois em termos de *status*. E Buda se rebelou contra isso. Ele disse: "Ninguém nasce um brâmane, um guerreiro ou um negociante; essas coisas têm de ser aprendidas. A pessoa se torna o que ela faz". Os brâmanes se opuseram muito a Buda, porque os guerreiros não podiam ser sacerdotes; seu dever era lutar. E quando Buda começou a pregar, isso era contra toda a tradição – ele estava tentando ser um brâmane, mas nasceu um *chhatriya*!? Isso é pura e simples rebelião! Mas Buda tinha uma personalidade muito carismática. Ele conseguiu influenciar milhões de pessoas, e, quando os brâmanes viram que aquele homem não poderia ser destruído por meios fáceis e comuns, começaram a organizar os ensinamentos de Buda. Começaram a organizar o budismo. E, quando Buda morreu, as pessoas que escreveram suas escrituras eram todas brâmanes.

Vocês ficarão surpresos em saber que na Índia o sacerdote do templo onde Buda se tornou iluminado é ainda um brâmane. Por 25 séculos a mesma família proporcionou o sacerdote do templo. O templo continua sendo um memorial da iluminação de Buda. Mas os brâmanes que eram seus contemporâneos simplesmente negavam que ele fosse iluminado – para eles, só um brâmane podia ser iluminado. Antes da sua iluminação, a pessoa tem que nascer como um brâmane. Então, em suas outras vidas, tudo o que ela poderá ganhar será uma próxima vida como um brâmane. Devido a todos os seus bons feitos, sua moralidade, seu caráter, este será o seu prêmio: ela nascerá como um brâmane. Então as portas se abrirão para ela e ela poderá se tornar iluminada – mas ninguém pode transpor a barreira da classe.

Buda fez exatamente isso: ele ultrapassou os brâmanes e entrou no mundo do nirvana. Isso é impossível, imperdoável! Seus contemporâneos não podiam aceitar Buda como iluminado ou como um homem sábio; eles o consideravam um distúrbio, uma perturbação. Mas, quando ele morreu, deixou tal impacto sobre milhões de pessoas que os brâmanes foram inteligentes o bastante para ver que aquela oportunidade não poderia ser perdida. Eles não fizeram como os judeus, que perderam toda a oportunidade de Jesus. Se os judeus tivessem sido tão espertos quanto os brâmanes, no momento em que crucificaram Jesus, a segunda coisa teria sido criar uma religião em torno dele. Das duas maneiras eles teriam lucrado – eu estou usando o termo deles. Ninguém jamais os teria condenado por crucificar Jesus, porque eles teriam sido os papas, teriam sido os representantes de Jesus. E teriam conseguido interpolar todos os seus ensinamentos com o judaísmo. Não teria sido difícil; Jesus era judeu, falava na língua judaica, falava dentro da religião judaica. A interpolação não teria sido difícil.

Foi muito difícil com Buda. Foi difícil com Mahavira, porque Mahavira falava uma língua totalmente diferente. Mas os brâmanes foram suficientemente espertos para mudar todo o clima em torno de Mahavira, em torno de Buda; eles criaram pseudorreligiões, falsas, porém organizadas. E desde então eles vêm explorando.

A religião organizada é uma das coisas mais feias que aconteceram na história. E o Estado deve permanecer separado da religião organizada, porque a religião organizada nada mais é do que todos os tipos de superstições e crenças – crenças sem qualquer evidência, doutrinas, credos, que vão contra toda as descobertas e invenções científicas. O Estado não pode apoiar nenhuma pseudorreligião, nenhuma religião organizada. Isso seria apoiar charlatães, vigaristas, impostores, exploradores, parasitas.

Deixe-me resumir o que estou dizendo. Estou dizendo que as religiões não devem ser misturadas com o Estado porque ainda não há religião. E qualquer coisa que exista em nome da religião não é religião. Isso me conduz a um entendimento totalmente diferente.

A religião está no processo do nascimento. Assim como demorou 300 anos para a ciência chegar à maturidade, se a humanidade sobreviver, a religião também atingirá a maturidade. Nesse dia, será uma absoluta estupidez dizer que o Estado e a religião devem permanecer separados, porque isso significaria que tudo o que é valioso na vida e tudo o que é grande na existência deve permanecer separado do Estado, que o Estado não deve ser beneficiado pelos iluminados, que o Estado deve continuar a existir em seu mundo escuro da política, sujo de todas as maneiras possíveis, que ele nunca deverá ver a luz.

Sim, hoje eu concordo que o Estado deva permanecer separado das religiões. Lembrem-se, eu estou dizendo que ele deve permanecer separado das religiões – estou usando a palavra no plural.

Mas quando a religião amadurecer – a religião no singular, como a ciência é singular – então será simplesmente estúpido manter o Estado e a religião separados. Aí você tem de traduzir a religião para o que ela realmente é: então ela é amor, então ela é entendimento, então é silêncio, paz. Então ela é sabedoria, meditação; então é inteligência, pura inteligência. Todas essas qualidades, valores, enriquecem a vida; elas irão enriquecer o Estado. Pela simples presença de uma religião autêntica, os políticos começarão a abandonar seus aspectos feios, suas políticas astuciosas. Vão começar a se sentir envergonhados. A religião vai funcionar como um espelho, e os políticos vão enxergar suas próprias faces – que nunca enxergaram, porque, para uma pessoa ver sua face, é necessário um espelho.

Os políticos têm permanecido sujos, feios, pela simples razão de que não têm um espelho. E o espelho só é possível quando vem de uma consciência mais elevada. Tem de ser um espelho da consciência – nenhum espelho comum conseguirá isso. Não é uma face física que eles verão – é sua alma corrompida.

Quando a verdadeira religião chegar à maturidade, a religião – sem nenhum esforço por parte de ninguém – se tornará a luz de todos: do professor nas escolas, nas faculdades, nas universidades; do Estado; dos hospitais. Uma verdadeira religião vai obrigatoriamente nortear todos os valores da vida.

Está claro que você acredita que todas as religiões são falsas. Como pode dizer isso? Todas as pessoas têm o direito de acreditar em alguma religião específica. Tudo pode ser bom e também ruim. Então, como você pode dizer que outras religiões são trapaceiras?

Eu não acredito em nada. Não sou absolutamente um crente. Eu não preciso acreditar, eu sei que todas as religiões são trapaceiras! Isso não é minha crença, é simplesmente minha experiência. Eu posso ver que elas são falsas. Toda a história humana prova isso.

E no momento em que você diz "todas as religiões" você já se desviou, porque só há um tipo de religiosidade. Não pode haver muitos. Assim como a ciência é uma, a abordagem científica é uma, assim também é a religião, assim também é a abordagem religiosa.

Jesus, Krishna, Buda, Zaratustra, Lao-Tsé, todos eles pertencem a um tipo de religiosidade. É claro que eles falam linguagens diferentes – essa é outra questão. Eles são obrigados a falar linguagens diferentes. Lao-Tsé falará em chinês, Jesus falará em aramaico, Buda falará em sânscrito e, é claro, eles usaram o idioma da sua época. Mas isso é a diferença de expressão. E as pessoas não devem ser enganadas pelas expressões, as pessoas não devem ser enganadas pelas palavras, porque a religião não tem nada a ver com as palavras. Na verdade, é devido à cortina das palavras que não podemos ver. Ela cobre nossos olhos, impede o nosso insight. A religião é uma experiência sem palavras. Por isso o cristianismo, o hinduísmo, o jainismo, o budismo, o islamismo são todos falsos.

Jesus está certo, Buda está certo, Krishna está certo. Mas o cristianismo não está certo, não pode estar certo. Na verdade, ser um cristão é contentar-se com algo falso. Você pode ser um Cristo! Então por que ser um cristão? Ser um cristão é ser apenas uma sombra. Você pode beber da verdadeira fonte da existência. Então por que continuar falando sobre ela, pensando nela?

Um cristão é alguém que fala sobre a verdade e não sabe nada a respeito dela. Um Cristo é alguém que conhece a verdade. Ela é sua experiência. O cristão não tem experiência própria, ele está simplesmente repetindo as palavras de Cristo. E repetir as palavras de outro é uma atividade estúpida. Essa repetição é chamada "crença". Lembrem-se, religião não tem nada a ver com crença. Toda a base da religião é a visão, não a crença. Lembrem-se, somente os cegos acreditam na luz. Aqueles que têm olhos não acreditam na luz, eles a *conhecem*! No momento em que você conhece algo, a necessidade da crença desaparece.

Mas o mundo está cheio de crentes. Isso significa que o mundo está cheio de pessoas cegas. E como uma pessoa chega a determinada crença? É apenas uma coincidência – que você tenha nascido em determinada família e que esta tenha começado a impor suas crenças sobre você. Você é um hindu. Você não escolheu ser um hindu, foi obrigado a ser um hindu por seus pais, pela sociedade. Ou você é um judeu... Ou é um muçulmano... Mas você não escolheu isso, e religião não é algo tão barato que outra pessoa possa impô-la a você. Ela tem de ser a escolha de um indivíduo.

A religião tem de ser escolhida a partir da liberdade. Não é um condicionamento. A crença é um condicionamento. A crença significa que a pessoa foi tornada temerosa de que, se não acreditar, será punida. E então vem o inferno. Para aqueles que não acreditam, existe o inferno. E para aqueles que acreditam? Para eles, existem todas as alegrias do paraíso.

É a mesma psicologia que se encontra nas escolas, nas faculdades, nas universidades, nos tribunais. Todos eles acreditam que, se você quer que as pessoas sejam de uma determinada maneira, a única possibilidade é criar o medo e criar a ambição. E como alguém pode ser religioso se está cheio de medo e de ambição? Medo do inferno e ambição pelo paraíso. Esse é o truque que tem sido aplicado a vocês. Vocês têm sido enganados e têm sido explorados. E só lhes têm sido dado palavras – palavras que não significam nada para vocês.

Quando Buda diz algo, isso tem significado. Quando os budistas repetem isso, estão repetindo como papagaios. O papagaio pode repetir o mantra, não há dificuldade nisso, pode-se ensinar o papagaio. E os mesmos métodos têm de ser aplicados, como são aplicados em você: se ele aprende o mantra, recebe uma bela refeição; se não aprende o mantra, é punido, tem de passar fome, a comida lhe é negada. Ele é obrigado a aprender. É isso que os psicólogos chamam de condicionamento.

E há pessoas como B.F. Skinner que dizem que o homem pode ser condicionado a qualquer comportamento; basta lhe dar punição suficiente e recompensa suficiente e é possível controlar, é possível mudar o comportamento de qualquer pessoa.

Por que alguém está sendo bom? Não é pelo que realmente sente sendo bom. Há um grande medo de que, se não for bom, terá de sofrer por isso mais tarde. Toda a humanidade está vivendo em medo e ambição – e você as chama de religiões?

As religiões não são possíveis, somente uma religiosidade é possível.

Você está demasiadamente sobrecarregado de palavras.

Você diz: "Você acredita que todas as religiões são falsas".

Você nem me escutou, não entrou em comunhão comigo. Você ouviu isso de outros que podem tê-lo ouvido de outra pessoa. E acreditou nisso. Se você tivesse ficado aqui durante alguns dias, saberia que eu não acredito em nada.

Eu *sei*! Eu tenho olhos, eu posso ver! Qual é a necessidade de acreditar? A crença é para aqueles que não são corajosos o bastante para abrir os olhos. A crença é para aqueles cuja religião é formal, que não experienciaram nada da vida, nada da beleza, nada da alegria, nada do amor, para quem Deus é uma pálavra, a vida é uma palavra. Eles vivem de palavras.

"Ei, Paolo, por que não o tenho visto mais por aqui?"

"Eu arranjei um novo negócio agora, mas ele não vai muito bem."

"Qual é o seu negócio?"

"Sou um caladão!"

"E que diabos é um caladão?"

"Eu tenho umas oito garotas que trabalham pra mim e todas as vezes que elas saem e se divertem com um sujeito eu ganho um dinheiro!"

"Você é um idiota! Você não é um caladão – é um cafetão!"

"Ah, é por isso, então, que o negócio não anda bem. Nas Páginas Amarelas estou registrado como 'caladão'!".

Cuidado com as palavras. Vocês estão registrados como hindus, como muçulmanos, como cristãos... Vocês não são nada disso!

Friedrich Nietzsche está certo quando diz que o primeiro e último cristão morreu na cruz 20 séculos atrás – antes e depois dele não houve nenhum cristão. Só Cristo foi um cristão na verdadeira acepção da palavra. Ele viveu e experienciou, e tudo o que ele disse veio do âmago do seu ser.

Não foi algo emprestado. Tudo o que é emprestado é feio. As crenças são emprestadas, por isso são feias. E, quando as pessoas vivem de acordo com crenças emprestadas, elas criam caos no mundo. Elas permanecem inconscientes e continuam falando sobre a Bíblia, sobre os Vedas e sobre o Gita. E vivem repetindo todas essas coisas em seus sonhos. Não entenderam uma única palavra.

Num domingo de manhã, um bêbado foi parar em um grande prédio, sem saber que se tratava de uma igreja. Quando entrou, a missa das dez horas estava em andamento – o órgão estava tocando, um coro estava cantando e a igreja estava lotada. O padre estava de pé diante das pessoas, balançando um pote cheio de incenso fumegante.

De repente, ouviu-se um grito vindo do fundo da igreja: "Madame! Ei, madame! Sua bolsa está pegando fogo!"

Vocês não estão em seu juízo perfeito! Não têm nenhuma consciência. São sonâmbulos. Quase toda a humanidade sofre de sonambulismo, caminha dormindo. E em seu sono os sacerdotes se apoderam de você. Foi apenas acidental quem estava próximo e quem se apoderou de você.

Se uma criança que nasce em uma família hindu for entregue desde pequena a uma família cristã, ela nunca saberá que é hindu. Ou você acham que ela virá a saber que é hindu? Ela será cristã.

Então, qual é a sua religião? O que foi forçado sobre você por outros torna-se sua religião. Religião é basicamente liberdade. Mas suas chamadas religiões são escravidões, são trapaceiras. E a humanidade tem sofrido muito por causa desse absurdo.

Eu gostaria que houvesse mais budas, mas não mais budistas, destes já há o bastante.

Uma cidade rural australiana tinha um velho convento em seu centro. A aldeia estava crescendo depressa em torno dele, e as freiras ficavam nas janelas observando o novo prédio de vários andares que estava sendo construído do outro lado da rua.

Por volta do meio-dia, tocava a sirene do almoço, e os trabalhadores com seus suados corpos bronzeados desciam os andaimes até o andar térreo para almoçar.

As freiras observavam os homens sentarem em um grande círculo, pegarem suas marmitas e garrafas térmicas e devorarem seu almoço.

"Irmã, irmã, você percebeu que esses homens não agradeceram ao Senhor pela comida?", disse uma freira para outra.

A outra respondeu entusiasticamente: "Sim, sim, eu percebi! Talvez devamos comunicar isso à Madre Superiora".

Então subiram as escadas e relataram sua história à Reverenda Madre. Após um momento de silêncio, ela disse: "Tragam-me uma marmita amanhã – exatamente do tipo que os cavalheiros usam!"

No dia seguinte, quando a sirene tocou, a Madre Superiora pegou a marmita, desceu as escadas e atravessou a rua. Sentou-se em silêncio ao lado dos homens que estavam ocupados devorando seus almoços e então ergueu as mãos de repente e disse: "Cavalheiros! Cavalheiros! Já ouviram falar em Jesus Cristo?"

Um dos homens parou, empurrou o chapéu para trás, coçou a cabeça e disse: "Hum, ah, Cristo – Jesus Cristo... Ei, Danny, você já ouviu falar de um Jesus Cristo que trabalha aqui? Bem, diga a ele que sua mãe está aqui com seu almoço!"

Jesus Cristo... Vinte séculos se passaram. Quem se importa? Quem se incomoda? Você tem de viver sua vida. Tem de ser autêntico consigo mesmo. Tem de descobrir sua individualidade. E todas essas religiões são trapaceiras, porque elas impedem a descoberta, impedem a investigação. Elas o impedem de conhecer a verdade. Impedem isso de todas as maneiras possíveis.

Elas continuam entulhando conhecimento em sua cabeça, e esse conhecimento só cria estupidez. Os eruditos são as pessoas mais estúpidas do mundo, porque são papagaios. E há muitas pessoas simples que começam a tentar viver segundo os ensinamentos que lhes foram transmitidos por outros, que começam a tentar viver... Elas transformam suas vidas em uma bagunça. Então a vida se torna desnecessariamente repressiva, porque você não é um Mahavira, não é um Buda, não é um Krishna.

Tente ser um Krishna. Fique de pé na rua, tocando uma flauta, e imediatamente a polícia vai pegá-lo. Você não pode imitar Krishna. Tem de ser você mesmo. Ninguém é capaz de repetir ninguém. E, também, não há necessidade disso. Isso cria repressão. Você reprime sua individualidade e começa a agir como outra pessoa, e você *não* é outra pessoa, e então sua vida se transforma em uma hipocrisia. Por isso eu digo que essas religiões são falsas.

Chandulal arranjou emprego em uma construção fora da cidade e pediu ao seu guru, Swami Dharamdas Brahmachari, para checar se sua esposa não começava a se divertir com outra pessoa.

É claro que ele argumentou consigo mesmo que o seu guru, Swami Dharamdas Brahmachari, é um casto, e, assim, sua esposa estava nas mãos certas, não havia o que temer. Se ele tivesse me perguntado, eu teria lhe dito para dar o controle da sua esposa para outra pessoa. Qualquer outra pessoa seria bem melhor do que esse suposto celibatário.

Seis meses depois, ele voltou e encontrou sua esposa e seu guru na cama fazendo exatamente aquilo que ele havia tentado evitar. Chamou sua esposa de todos os nomes possíveis e então a ameaçou com o divórcio.

"E quanto a você, seu cão sarnento!" – gritou Chandulal para seu guru. "Você não poderia pelo menos parar enquanto estou falando com você?"

A repressão mais cedo ou mais tarde explode. Você fica sentado sobre um vulcão.

Você diz: "Está claro que você acredita que todas as religiões são falsas".

Elas são.

"Como você pode dizer isso?"

Porque eu sei.

Você diz: "Todas as pessoas têm o direito de acreditar em alguma religião específica".

Não existe religião específica. Existe apenas uma religiosidade. E ninguém tem o direito de *acreditar*! Todos têm o direito de *saber*.

Você diz: "Tudo pode ser bom e também ruim".

Não. Se você sabe, então o certo é certo e o errado é errado. Então o branco é branco e o preto é preto. Se não sabe, é claro que você está numa confusão.

Você perguntou: "Então, como você pode dizer que outras religiões são trapaceiras?"

O que eu posso fazer? Se elas são trapaceiras, são trapaceiras. Estou simplesmente constatando um fato.

Para mim, essa é a verdade que tem de ser dita. E chegou o momento de dizê-la.

Epílogo: A paz tem de dançar, o silêncio tem de cantar

A religião é um fenômeno muito complexo. Sua complexidade tem de ser entendida.

Há sete tipos de religião no mundo. O primeiro tipo é orientado pela ignorância. Como as pessoas não conseguem tolerar sua ignorância, elas a escondem. Como é difícil saber que não se sabe, isso vai contra o ego, as pessoas acreditam. Os sistemas de crença funcionam para proteger seus egos. Os sistemas de crença são úteis, mas em longo prazo são muito danosos. No início parecem ser protetores, mas no fim são muito destrutivos. O curso é orientado pela ignorância.

Religião é luz, religião é entendimento, religião é consciência, religião é autenticidade. Mas uma parte importante da humanidade permanece no primeiro tipo de religião. Isso significa simplesmente evitar a realidade, evitar a lacuna que a pessoa sente dentro do seu próprio ser, evitar o buraco negro da ignorância.

As pessoas desse primeiro tipo são os fanáticos. Eles não podem sequer tolerar que possa haver outros tipos de religião no mundo. Sua religião é *a* religião. Como têm tanto medo da sua ignorância, se houver alguma outra religião eles também vão ficar desconfiados, e então surgirá a dúvida. Então eles não estarão tão certos. Para ter certeza, eles se tornam muito obstinados, loucamente obstinados. Não podem ler as escrituras de outras religiões, não podem escutar outras nuances da verdade, não podem ser tolerantes para com outras revelações de Deus. A revelação *deles* é a única revelação, e seu profeta é o único profeta. Todo o resto é absolutamente falso. Essas pessoas falam em termos absolutos, enquanto um homem de entendimento é sempre relativo.

Essas pessoas causaram um grande dano à religião. Por causa delas, a própria religião parece um pouco estúpida. Lembre-se de não ser vítima desse primeiro tipo. Quase 90 por cento da humanidade vive nesse primeiro tipo de religião, e isso não é de maneira alguma melhor do que a ausência de religião. Talvez seja pior – porque uma pessoa sem religião não é fanática. Uma pessoa sem religião é mais aberta, pelo menos para escutar, pronta para falar sobre as coisas, pronta para discutir, pronta para buscar e indagar. Mas o primeiro tipo de pessoa religiosa não está sequer pronto para escutar.

Quando eu era estudante na universidade, costumava me hospedar na casa de um dos meus professores. Sua mãe era uma hindu muito devota; completamente ignorante, mas muito religiosa. Certo dia, em uma fria noite de inverno, o fogo estava ardendo na lareira da sala e eu estava lendo o *Rig Veda*. Ela passou por mim e perguntou: "O que você está lendo tão tarde da noite?" Só para provocá-la, eu disse: "É o Alcorão". Ela saltou sobre mim, tomou-me o *Rig Veda*, atirou-o na lareira e disse: "Você é um muçulmano? Como se atreve a trazer o Alcorão para dentro da minha casa!?"

No dia seguinte eu disse ao seu filho, meu professor, que a mãe dele era uma muçulmana – porque esse tipo de coisa só pode ser feita por muçulmanos. Os muçulmanos queimaram um dos maiores tesouros do mundo, a biblioteca de Alexandria. A biblioteca era a maior do mundo antigo. Ela era tão grande que o incêndio continuou por quase seis meses. Demorou seis meses para ela ser totalmente incendiada. E o homem que a incendiou foi um califa muçulmano. Sua lógica é a lógica do primeiro tipo de religião. Ele chegou com um Alcorão em uma das mãos e com uma tocha acesa na outra, e perguntou ao bibliotecário: "Tenho uma pergunta simples. Nesta grande biblioteca há milhões de livros..."

Aqueles livros continham tudo o que a humanidade havia aprendido até aquela época, e era realmente mais do que sabemos agora. Lá havia todas as informações sobre Lemúria, Atlântida, e todos os escritos da Atlântida, o continente que desapareceu no Atlântico. Era a biblioteca mais antiga do mundo, uma grande preservação. Se ela ainda existisse, a humanidade teria sido totalmente diferente –

porque estamos redescobrindo muitas coisas que já haviam sido descobertas.

Aquele califa disse: "Se esta biblioteca contém apenas aquilo que está contido no Alcorão, então não é necessária, é supérflua. Se contém mais do que está contido no Alcorão, está errada. Então tem de ser destruída imediatamente. De qualquer modo, tem de ser destruída. Se contém o mesmo que o Alcorão, ela é supérflua. Por que administrar uma biblioteca tão grande desnecessariamente? O Alcorão é suficiente. E se você disser que ela contém muito mais coisas que o Alcorão, então essas coisas estão obrigatoriamente erradas, porque o Alcorão é *a* verdade".

Segurando o Alcorão em uma das mãos, com a outra ele iniciou o incêndio – em nome do Alcorão. Maomé deve ter gritado e chorado naquele dia no céu, porque em seu nome a biblioteca estava sendo incendiada. Esse é o primeiro tipo de religião. Sempre permaneça alerta, porque esse homem obstinado existe em todo o mundo.

Eu estava lendo uma noite dessas...

Dois velhos tinham uma igual reputação de serem teimosos. Quando se encontravam em situações em que um tinha de desistir, uma terceira parte em geral tinha de resolver a questão. Certo dia, os velhos, cada um conduzindo uma grande carga de feno, se encontraram em uma viela estreita. Ambos estavam determinados a não se mover um centímetro de onde estavam. Finalmente, um disse ao outro: "Estou preparado para ficar aqui enquanto você quiser esperar". Pegou seu jornal e começou a ler. O outro encheu seu cachimbo e ficou fumando, satisfeito. Após meia hora de silêncio, inclinou-se para a frente e gritou para o seu vizinho: "Você se importaria de me deixar ler o jornal quando terminar?"

Esse homem obstinado existe em todo mundo, e é o tipo mais baixo de homem. Ele existe nos hindus, existe nos muçulmanos, existe nos cristãos, nos budistas, nos jainistas – existe em todo mundo, e todo mundo tem de tomar cuidado para não ser apanhado por eles. Só então se pode ascender para tipos de religião mais elevados.

O problema com esse primeiro tipo de religião é que somos quase sempre criados nele. Somos condicionados nele, e por isso ele se torna quase normal. Parece normal. Um hindu é criado com a ideia de que os outros estão errados. Mesmo que ensinem a ele como ser tolerante, essa tolerância é daquele que sabe em relação aos outros que não sabem. Um jainista é absolutamente criado com a crença de que só ele está certo; todos os outros estão enganados, são ignorantes tateando na escuridão. Esse condicionamento pode se tornar tão profundo que a pessoa pode se esquecer de que isso é um condicionamento e que deve superá-lo.

Mulla Nasruddin estava lendo o futuro de um amigo na palma da mão.

Ele disse: "Você será pobre, infeliz e miserável até os 60 anos de idade".

"E então, o que vai acontecer?" – perguntou o homem, esperançoso.

"A essa altura", disse Nasruddin, "você já estará acostumado com isso."

Esse é o problema: uma pessoa pode ficar acostumada a determinado condicionamento e começar a pensar que isso faz parte da sua própria natureza, ou que é a verdade. Então, é preciso estar muito alerta e ser muito observador para descobrir essa possibilidade mais inferior em si mesmo e não ficar aprisionado nela.

Às vezes trabalhamos arduamente para transformar nossa vida e continuamos acreditando no primeiro tipo de religião. Então a revolução não é possível – uma vez que você está tentando algo que é tão inferior, isso não pode ser realmente religioso. O primeiro tipo de religião é religião apenas no nome, não deve ser chamado de religião.

Um homem estava dizendo a outro: "Meu genro, o médico, está há 20 anos tratando o fígado de um paciente por causa da pele amarela. Ele acabou de saber que o homem é chinês".

"Isso é incrível!", disse o outro homem.

"O que é terrível é que ele o curou."

Vinte anos tratando do fígado de um homem por causa da pele amarela – ele pode ser um chinês, mas durante quanto tempo ele pode se proteger? Se você, continuamente, trabalha com uma atitude errada, sua natureza acaba se rendendo. Você começa a agir da maneira que quer agir. Sim, o hábito pode se tornar uma segunda natureza. Infelizmente, às vezes ele se torna a primeira natureza, e a natureza mesmo fica completamente esquecida.

A característica do primeiro tipo de religião é a imitação. Ela insiste na imitação: imitar Buda, imitar Cristo, imitar Mahavira, mas imitar. Imitar alguém. Não ser ele próprio, ser outra pessoa. E, se você for muito obstinado, pode se obrigar a ser outra pessoa.

Você nunca será outra pessoa. Bem no fundo de si mesmo, não pode ser. Irá permanecer você mesmo, mas pode forçar tanto que você quase começa a se parecer com outra pessoa.

Cada homem nasce com uma individualidade única, e cada homem tem um destino próprio. Imitação é crime, é criminoso. Se uma pessoa tenta se tornar um Buda, pode se tornar uma imitação de Buda. Pode parecer Buda, pode andar como Buda, pode falar como Buda, mas vai perder. Vai perder tudo o que a vida estava pronta para lhe entregar. Porque Buda só acontece uma vez. Não é da natureza das coisas elas se repetirem. Deus é tão criativo que nunca repete nada. Você nunca poderá encontrar outro ser humano no presente, no passado ou no futuro que seja exatamente igual a você. Isso nunca aconteceu. O homem não é um mecanismo, não é como os carros da Ford em uma linha de montagem; você pode produzir milhões de carros iguais, exatamente iguais. O homem é uma alma, é um indivíduo.

A imitação é venenosa. Nunca imite ninguém; do contrário, você será vítima do primeiro tipo de religião, que não é absolutamente religião.

Então há o segundo tipo. O segundo tipo é orientado pelo medo.

O homem tem medo, o mundo é um mundo estranho, e o homem quer estar seguro, a salvo. Na infância o pai o protege, a mãe o protege. Mas há muitas pessoas, milhões delas, que nunca crescem além da sua infância. Elas permanecem presas em algum lugar, e continuam precisando de um pai e de uma mãe. Por isso Deus é chamado de Pai ou Mãe. Elas precisam de um Pai divino para protegê-las; não são maduras o suficiente para cuidarem de si. Necessitam de alguma segurança.

Um psicólogo, Winnicott, trabalhou durante muitos anos com um problema específico das crianças pequenas, e descobriu muitas coisas bonitas. Elas são pertinentes.

Você já deve ter observado crianças com seu ursinho ou com seu brinquedo especial, ou com sua manta, ou algo que tenha uma personalidade especial para a criança. O ursinho... você não pode substituir o ursinho. Você pode dizer que vai encontrar um ursinho melhor, mas isso não importa. Há um relacionamento amoroso entre a criança e *seu* ursinho. O seu ursinho é único, é impossível substituí-lo. Ele fica sujo, fica malcheiroso, rasgado, mas a criança continua carregando-o. Você não pode encontrar outro, um novo. Os pais têm de tolerar isso. Eles têm de respeitar isso, porque caso contrário a criança se sente ofendida. Se os pais forem viajar, têm de tolerar também o ursinho; têm de tratá-lo quase como se fosse um membro da família. Eles sabem que isso é tolice, mas para a criança é importante.

Que importância o ursinho tem para a criança? Isso é de certa maneira objetivo. Ele está lá, fora da criança, é parte da realidade. Certamente não é apenas imaginação, não é simplesmente subjetivo, não é um sonho, ele está ali. Mas não está totalmente ali; muitos dos sonhos da criança estão envolvidos nele. Ele é um objeto, é objetivo, mas muita subjetividade está envolvida nele. Para a criança, ele é quase vivo. A criança projetou muitas coisas no ursinho. Ela conversa com o ursinho, às vezes fica zangada com ele e o joga longe, depois pede desculpas e o pega de volta. Ele tem uma personalidade quase humana. Sem o ursinho, ela não consegue dormir. Segurando-o, abraçando-o, ela dorme; sente-se segura. Com o ursinho o mundo é bom, tudo é bom. Sem o ursinho ela de repente está só.

Então, o ursinho existe em uma dimensão totalmente nova, que não é subjetiva nem objetiva. Winnicott chama isso de "o reino transitório": um pouco objetivo e um pouco subjetivo. Muitas crianças crescem fisicamente, mas nunca crescem espiritualmente, e precisam de um ursinho a vida toda. Suas imagens de Deus no templo não são nada além de ursinhos. Então, quando um hindu entra em um templo hindu, ele vê algo que um muçulmano não consegue ver. O muçulmano só consegue ver uma estátua de pedra. O hindu vê algo que ninguém mais consegue ver; ele é o seu ursinho. Ele está objetivamente ali, mas não totalmente objetivo. Muita subjetividade do crente está projetada nele: ele funciona como uma tela.

Vá a um templo jainista. Você pode ser hindu, mas em um templo jainista não sentirá nenhuma reverência surgindo dentro de você. Às vezes pode até se sentir um pouco ofendido, porque Mahavira, sua estátua, está nu, despido. Você pode se sentir um pouco ofendido. Pode querer sair dali quanto antes; pode não sentir nenhum respeito. Mas então entra um jainista com enorme respeito; o templo é o seu ursinho, e ele se sente muito protegido.

Então, quando você está com medo, começa a se lembrar de Deus. O seu Deus é um subproduto do seu medo. Quando você está se sentindo bem, sem medo, nem pensa nele. Não há necessidade.

Esse segundo tipo de religião é orientado pelo medo. É muito ruim, quase neurótico – porque a maturidade só chega quando você percebe que está sozinho e tem de estar sozinho, tem de enfrentar a realidade como ela é. Esses ursinhos transitórios estão apenas na sua imaginação, eles não vão ajudar. Se algo tiver de acontecer, vai acontecer, o ursinho não poderá protegê-lo. Se a morte for acontecer, ela vai acontecer. Você continua chamando Deus, mas a proteção não chega até você. Você não está chamando ninguém, está simplesmente chamando por medo. Talvez chamá-lo em voz alta lhe dê certa coragem.

Talvez rezando... a oração lhe dá certa coragem, mas não há nenhum Deus para responder à prece. Não há ninguém para responder à sua prece. Mas, se você tem uma ideia de que alguém está ali para responder à sua prece, pode se sentir um pouco aliviado, relaxado.

Certa vez, vi Mulla Nasruddin rezando com muita devoção. Quando ele terminou seu *namaj*, eu lhe perguntei: "Mulla, deve haver algum problema; você estava rezando tão intensamente. Por favor, você pode me responder uma pergunta? Algum dia a sua oração foi respondida?"

Ele disse: "Sim, de uma maneira ou de outra".

Mas se a oração é respondida de uma maneira ou de outra, qual é a razão dela? Sim, às vezes ela coincide com os fatos, às vezes não coincide com os fatos, mas sua oração não faz diferença para os fatos. Pode fazer uma pequena diferença em sua mente, mas na verdade ela não faz diferença.

A religião orientada pelo medo é a religião do "não faça": não faça isto, não faça aquilo – porque o medo é negativo. Os Dez Mandamentos são todos orientados pelo medo – "não faça isto, não faça aquilo" – como se a religião não fizesse outra coisa a não ser evitar. "Não faça isto, não faça aquilo" – fechando-se na segurança, na garantia, nunca assumindo nenhum risco, nunca se movendo em caminho perigoso, na verdade nunca permitindo à pessoa estar viva. Assim como o primeiro tipo de religião é estúpido, fanático, o segundo tipo de religião é negativo. Ele proporciona certa rigidez, certa tensão. É infantil. É uma busca por segurança que em parte alguma é possível, porque a vida existe como insegurança. Deus existe como insegurança, perigo e risco.

A palavra-chave para a religião orientada pelo medo é "inferno" e, é claro, repressão, repressão contínua: não faça isto. Esse segundo tipo de pessoa está sempre com medo – o que comer, o que não comer, se amar uma mulher ou não amar uma mulher, se construir uma casa ou não construir uma casa. E, seja o que for que você reprima, nunca estará livre disso; na verdade, cada vez mais estará sob o poder dessa coisa que foi reprimida, porque quando você reprime algo, mais profundamente ele entra no seu inconsciente. Atinge suas próprias raízes e envenena todo o seu ser.

Um velho estava assistindo a um filme pela primeira vez. Ele era conhecido como um homem muito religioso, um homem que costumava fazer suas orações regularmente, cumprir todos os seus deveres, e nunca se soube que tenha se envolvido em qualquer tipo de situação problemática. Em resumo, ele era um homem muito simples – mas não tão simples interiormente. A certa altura do filme, um grupo de belas garotas chegou a uma piscina e começou a se despir para o mergulho. Elas haviam tirado os sapatos, meias, blusas, saias e estavam começando a... e um trem passou veloz na frente da tela e impediu a visão. Depois que ele passou, a cena seguinte mostrou as garotas brincando na água.

O velho viu o filme várias sessões seguidas. Depois de muito tempo, um lanterninha bateu no seu ombro: "O senhor não vai para casa?", perguntou ele.

"Oh, eu vou esperar mais um pouco", disse o velho. "Em algum momento esse maldito trem vai se atrasar."

Bem no fundo você sempre carregará o que quer que tenha sido reprimido. Você pode seguir a religião como um ritual, mas ela nunca se tornará seu coração.

Lembre-se, a repressão não é um caminho para a liberdade. A repressão é pior do que a expressão, porque através da expressão uma pessoa é obrigada a se libertar um dia ou outro. Mas através da repressão ela fica sempre obcecada. Só a vida lhe dá liberdade. Uma vida vivida lhe dá liberdade, uma vida não vivida permanece muito atrativa, e a mente continua perambulando em torno de qualquer coisa que você tenha reprimido.

Smulovitz, de 83 anos e viúvo, recusava-se a ficar em qualquer casa de idosos em Miami Beach. "Não vou comer nada", declarou ele a seu filho, "a menos que seja estritamente *kosher*."

O filho procurou durante semanas e finalmente encontrou um lugar que servia refeições de acordo com as leis dietéticas dos judeus. Instalou seu velho pai na casa, tranquilo por saber que ele só estaria comendo alimentos *kosher*.

Três dias depois foi lá para visitá-lo e soube que o velho havia saído dali e se instalado no Hotel Fontainebleau. O rapaz correu até o hotel, pegou uma chave, subiu, abriu a porta, e lá estava seu pai na cama com uma loira. Ambos estavam totalmente nus.

"Papai, como você pôde?", perguntou o rapaz desnorteado.

"Mas olhe", disse o velho, "eu não estou comendo."

As pessoas que, por medo, vivem cumprindo rituais podem evitar uma coisa, mas irão cair em outra – porque o entendimento não é delas mesmas. Ele é orientado pelo medo. É do inferno que elas têm medo.

Uma verdadeira religião lhe dá coragem; deixe que esse seja o critério. Se a religião lhe dá medo, então realmente não é religião.

O terceiro tipo de religião é feito de ambição.

É uma religião do "faça". Assim como a religião orientada pelo medo é uma religião do "não faça", a religião orientada pela ambição é uma religião do "faça": "faça isto". E assim como a religião orientada pelo medo tem a palavra-chave "inferno", a religião orientada pela ambição tem a palavra-chave "céu". Tudo tem de ser feito de tal maneira que o mundo – o outro mundo – seja completamente seguro e sua felicidade além da morte seja garantida.

A religião do "faça", ou a religião da ambição, é formal, ritualística, ambiciosa, orientada pelo desejo. Ela é repleta de desejos. Vejam o conceito muçulmano de paraíso, ou o conceito cristão de paraíso, ou o conceito hindu de paraíso. Os graus podem ser diferentes, mas essa é uma coisa muito estranha; todas elas dizem que as pessoas têm de negar a si mesmas nesta vida, que elas vão estar providas de tudo no céu em grandes quantidades. As pessoas são castas aqui apenas para alcançar o céu, onde belas apsarás, sempre jovens, paralisadas nos 16 anos, estarão disponíveis. Maomé disse: "Não beba nenhuma bebida alcoólica. No céu há rios de vinho! Não precisa ficar preocupado".

Mas isso parece um absurdo. Se algo está errado, está errado. Como pode se tornar bom e certo no céu? Então Omar Khayyam está certo. Ele diz: "Se no céu rios de vinho estão disponíveis, então deixem-nos praticar aqui, porque, se chegarmos lá sem prática, será difícil viver no paraíso. Então deixem que a vida seja um pequeno ensaio, para que possamos ter o gosto, e ter a capacidade". Omar Khayyam parece ser mais lógico. Na verdade, ele está brincando contra o conceito muçulmano de paraíso. Esse conceito é tolo; o conceito inteiro é tolo. Mas as pessoas tornam-se religiosas por ambição.

Uma coisa é certa: qualquer coisa que você acumular aqui será retirada de você; a morte irá levá-la embora. Então, a pessoa ambiciosa quer acumular algo que não possa ser levado pela morte. Mas a ideia da acumulação, o desejo de acumular, permanece presente. Agora a pessoa acumula virtude. A virtude é a moeda do outro mundo. Ela continua acumulando virtude a fim de viver no outro mundo para todo o sempre, na luxúria. Esse tipo de homem é basicamente mundano. Seu outro mundo nada mais é do que uma projeção deste mundo. Ele fará isso porque tem desejos, e tem ambição, tem uma ambição de poder, mas sua ação não virá do coração. Será uma espécie de manipulação.

Mulla Nasruddin e seu jovem filho estavam passeando no campo num dia de inverno. Estava nevando; sua carroça quebrou. Finalmente chegaram a uma casa de fazenda e foram convidados para passar a noite ali. A casa estava fria, e o sótão, no qual foram convidados a passar a noite, parecia uma geladeira. Tirando suas roupas íntimas, Mulla pulou em um colchão de penas e puxou as cobertas sobre a cabeça. O filho ficou um tanto envergonhado.

"Perdoe-me, papai", disse ele. "O senhor não acha que deveríamos fazer nossas preces antes de irmos para a cama?"

Mulla tirou um olho de debaixo das cobertas e disse: "Filho, eu já rezei de antemão para situações como esta".

Então as coisas estão apenas na superfície. A ambição, o medo e a ignorância estão apenas na periferia.

Esses são três tipos de religião – e eles estão todos misturados. Não se consegue encontrar uma pessoa que seja absolutamente, puramente do primeiro tipo, do segundo tipo ou do terceiro tipo. Onde existe ambição, existe medo; onde existe medo, existe ambição; e onde existem a ambição e o medo existe a ignorância, porque eles não podem existir sem ela. Então, não estou falando sobre tipos puros. Estou simplesmente classificando-os para que vocês possam entender bem. De qualquer forma, eles estão todos misturados.

Esses são os tipos mais inferiores de religião. Não devem ser chamados de religião.

Então há o quarto tipo: a religião da lógica, do cálculo, da inteligência.

É a religião do "faça e não faça": mundana, materialista, oportunista, intelectual, teórica, escritural, tradicional. Essa é a religião dos *pundits*, dos eruditos instruídos que tentam provar Deus por meio da lógica, que acham que os mistérios da vida podem ser entendidos pela cabeça.

Esse tipo de religião cria teologia. Não é realmente religião, mas apenas uma cópia carbono muito fraca da religião. Mas todas as igrejas estão baseadas nela. Quando um Buda existe no mundo, ou um Maomé, um Krishna ou um Cristo, os *pundits*, os eruditos e as pessoas instruídas, intelectualmente espertas e perspicazes, reúnem-se em torno deles. Começam a trabalhar arduamente: "O que Jesus quer dizer?" Começam a criar uma teologia, um credo, um dogma, uma igreja. São pessoas muito bem-sucedidas, porque são pessoas muito lógicas. Elas não podem lhe dar Deus, não podem lhe dar a verdade, mas lhe dão grandes organizações. Dão-lhe a Igreja Católica, a Igreja Protestante. Elas lhe dão grandes teologias, apenas perspicácia, sem nenhuma experiência real – são intelectuais, pessoas orientadas pela cabeça. Toda a construção delas é como um castelo de cartas: uma pequena brisa e a casa se vai. Toda a construção delas é tal como se uma pessoa estivesse tentando navegar em um barco de papel. Parece um barco real, tem a forma de um barco, mas é um barco de papel. Ele está condenado, já está condenado. A lógica é um barco de papel. E a vida não pode ser entendida através da lógica.

Um americano muito rico estava convencido de que o mundo vivia à beira de uma guerra atômica, e determinou que iria sobreviver a ela. Comprou um acre de terra no meio do deserto do Arizona e contratou operários para construir-lhe uma casa mais de sete quilômetros abaixo da terra. Ela teria de estar cercada por um muro de chumbo de um metro de espessura e equipada com sua própria usina elétrica, que iria supri-lo com eletricidade suficiente para lhe proporcionar luz, calor e ar puro por pelo menos dez anos. Comida congelada, água, charutos, bebidas alcoólicas, tudo foi providenciado para esse mesmo período, além de todos os equipamentos concebíveis para uma vida luxuosa. O trabalho foi concluído em três anos, a um custo de 500 milhões de dólares.

O orgulhoso proprietário foi até o deserto para inspecionar a construção e um índio Navajo atirou uma flecha em suas costas.

Assim é a vida: você faz todos os arranjos e basta apenas uma flecha para acabar com você. O homem é muito frágil. Como a lógica do homem pode entender a realidade? O homem é tão limitado, seu entendimento é tão míope. Não, não há caminho através da lógica. Através da lógica nasce a filosofia, mas não a verdadeira religião.

Esses quatro tipos são normalmente conhecidos como religião.

O quinto, o sexto e o sétimo tipos são as verdadeiras religiões.

O quinto tipo é a religião baseada na inteligência; não na lógica, não no intelecto, mas na inteligência. E há uma grande diferença entre intelecto e inteligência.

O intelecto é lógico; a inteligência é paradoxal. O intelecto é analítico; a inteligência é sintética. O intelecto divide, corta uma coisa em pedaços para entendê-la. A ciência é baseada no intelecto, na dissecação, na divisão, na análise. A inteligência une as coisas, das partes compõe um todo – porque este é um dos maiores entendimentos: que a parte existe através do todo, e não vice-versa. E o todo não é apenas a soma das partes, é mais do que a soma.

Por exemplo, você pode ter uma rosa e pode levá-la até um cientista, um lógico. Você lhe diz: "Quero entender esta rosa". O que ele fará? Ele a dissecará, irá separar todos os elementos que fazem dela uma flor. Mais adiante, você verá que a flor se foi. Em vez da flor, haverá algumas garrafas rotuladas. Os elementos foram separados, mas uma coisa é certa: não haverá nenhuma garrafa com o rótulo BELEZA.

A beleza não é uma matéria e a beleza não pertence às partes. Quando se disseca uma flor, a totalidade da flor desaparece, e a beleza também desaparece. A beleza pertence ao todo, é a graça que chega ao todo. É mais do que a soma. Você pode dissecar um homem; no momento em que o disseca, a vida desaparece. Então só lhe resta um corpo morto, um cadáver. Você pode descobrir quanto alumínio há ali, quanto ferro e quanta água – 80 por cento mais ou menos; pode descobrir todo o mecanismo, os pulmões, os rins, tudo. Mas uma coisa não está ali: a vida. Não está ali a coisa que era mais valiosa. Não está ali a coisa que queríamos entender realmente, e tudo o mais está ali.

Atualmente, até os cientistas estão se tornando alertas para o fato de que, quando se tira sangue da corrente sanguínea de um homem para um exame, este não é mais o mesmo sangue. Dentro da corrente sanguínea do homem ele estava vivo, pulsando de vida. Agora é apenas um cadáver. Não pode ser o mesmo porque a *gestalt* mudou. Você pode extrair a cor de uma rosa, mas é a mesma cor? Parece igual, mas não pode ser igual. Onde está aquela fragilidade? Onde está aquela vida, aquela pulsação de vida? Quando ela estava na flor, estava em um arranjo totalmente diferente, e a vida estava presente. Ela era repleta de presença; o divino estava ali, batendo em seu coração. Extraída, a parte está ali, mas você não pode dizer que a parte é a mesma coisa. Não pode ser, porque a parte existe no todo.

O intelecto disseca, analisa. Ele é o instrumento da ciência. A inteligência é o instrumento da religião; ela une as partes. Por isso, nós temos a maior ciência da espiritualidade, chamada *ioga*. Ioga significa a metodologia de unir. Ioga significa unir as coisas. Deus é a maior totalidade, todas as coisas juntas. Deus não é uma pessoa, Deus é uma presença, a presença quando o todo está funcionando em uma grande harmonia – as árvores, os pássaros, a terra, as estrelas, a lua, o sol, os rios, os oceanos – todos juntos. Essa união é Deus. Se você a dissecar, jamais encontrará Deus. Disseque um homem; você não conseguirá encontrar a presença que fazia dele uma criatura viva. Disseque o mundo; você não conseguirá encontrar ali a presença que é Deus.

A inteligência é o método para unir as coisas. Uma pessoa inteligente é muito sintética. Ela sempre busca um todo mais elevado, porque o significado está sempre no todo mais elevado. Ela sempre busca algo mais elevado em que o mais baixo é dissolvido e funciona como uma parte, funciona como uma nota na harmonia do todo, dá sua própria contribuição para a orquestra do todo, mas não está separado dele. A inteligência se move para cima, o intelecto se move para baixo. O intelecto busca a causa.

Por favor, acompanhem isso; a questão é delicada.

O intelecto busca a causa; a inteligência busca o objetivo. A inteligência se move para o futuro, o intelecto se move no passado. O intelecto reduz tudo ao denominador mais baixo. Se vocês perguntarem o que é o amor, o intelecto dirá que ele nada mais é do que sexo – o denominador mais baixo. Se vocês perguntarem o que é a oração, o intelecto dirá que ela nada mais é do que o sexo reprimido. Pergunte à inteligência o que é o sexo, e a inteligência lhe dirá que ele nada mais é do que a semente da oração. É o amor potencial. O intelecto reduz ao mais inferior; reduz tudo ao mais inferior. Perguntem ao intelecto o que é uma flor de lótus, e ele lhes dirá que ela não é nada, é apenas uma ilusão; a realidade é a lama – porque a lótus vem da lama e de novo cai na lama. A lama é real, a flor de lótus é apenas uma ilusão. A lama permanece, a flor de lótus vem e vai.

Perguntem à inteligência o que é a lama, e a inteligência lhes dirá: "Ela é a potencialidade de ser uma flor de lótus". Então a lama desaparece e milhões de flores de lótus florescem.

A inteligência segue sempre na direção do mais alto e mais alto e mais alto, e todo o esforço visa a alcançar o supremo, o pináculo da existência – porque as coisas só podem ser explicadas através do mais elevado, não através do mais baixo. Você não pode elucidar através do mais baixo. E, quando o mais baixo torna-se demasiadamente importante, toda a beleza é perdida, toda a verdade, todo o bem. Tudo o que tem importância é perdido. Então, você começa a reclamar: "Onde está o significado da vida?"

No Ocidente, a ciência destruiu todo o valor e reduziu tudo à matéria. Agora todos estão preocupados com qual é o significado da vida, porque o significado existe no todo mais elevado. Veja, você está só; você sente: "Qual é o significado da vida?" Então se apaixona por uma mulher; surge algum significado. Agora dois se tornaram um – um pouco mais elevado. Um homem sozinho é um pouco mais baixo que um casal. Um casal é um pouco mais elevado. Duas coisas se uniram. Duas forças opostas se misturaram, as energias feminina e masculina. Agora está mais parecido com um círculo. Por isso na Índia temos o conceito de *ardhanarishwar*. Shiva é pintado como metade mulher e metade homem. O conceito de *ardhanarishwar* diz que o homem é metade e a mulher é metade. Quando um homem e uma mulher se encontram em profundo amor, surge uma realidade mais elevada e certamente maior, mais complexa, porque duas energias estão se encontrando.

Então nasce uma criança; agora há uma família e mais significado. Agora o pai sente um significado na sua vida: a criança tem de ser criada. Ele ama a criança, então pode trabalhar duro, mas o trabalho agora não é um trabalho tão árduo. Ele está trabalhando para o seu filho, para a sua amada, para o seu lar. Ele trabalha, mas a dureza do trabalho desapareceu. Ele não está se arrastando. Cansado do dia inteiro de trabalho, ele volta para casa dançando. Vendo o sorriso no rosto do seu filho, ele fica imensamente feliz. Uma família é uma unidade mais elevada do que o casal, e assim por diante. E Deus não é nada além da comunhão de tudo, a maior família de todas.

Por isso eu continuo chamando essas pessoas que me cercam de minha família. Eu gostaria que vocês desaparecessem no todo. Gostaria que vocês ficassem tão absorvidos no todo que, mesmo permanecendo indivíduos, se tornassem parte de uma unidade maior, maior do que vocês. Quando nos tornamos parte de uma unidade maior, o significado aparece imediatamente.

Quando um poeta escreve um poema, o significado aparece – porque o poeta não está só; ele criou algo. Quando um dançarino dança, o significado aparece. Quando a mãe dá à luz uma criança, o significado aparece. Deixado só, separado de todo o resto, isolado como uma ilha, você não tem significado. Junto a um todo você tem significado. Quanto maior o todo, maior o significado. Por isso eu digo que Deus é o maior todo concebível, e sem Deus não se pode atingir o significado mais elevado. Deus não é uma pessoa; Deus não está sentado em algum lugar. Essas ideias são simplesmente estúpidas. Deus é a total presença da existência, do ser, a verdadeira base do ser.

Deus existe onde há união; onde há ioga, Deus passa a existir. Você está caminhando só; Deus está adormecido.

De repente você vê alguém e sorri; Deus está desperto, o outro entrou. Seu sorriso não está isolado, é uma ponte. Você lançou uma ponte na direção do outro. O outro também sorriu, houve uma resposta. Entre vocês dois surge esse espaço que eu chamo de Deus – uma pequena palpitação. Quando alguém vai até uma árvore e se senta ao lado dela, completamente alheio à existência da árvore, Deus está adormecido. Mas, de repente, você olha para a árvore e surge uma onda de sentimento em relação a ela, e Deus desperta. Onde quer que haja amor, Deus está; onde quer que haja uma resposta, Deus está. Deus é o espaço; ele existe onde existe união. Por isso eu digo que o amor é a mais pura possibilidade de Deus, porque ele é a mais sutil união de energias.

Amor é Deus. Esqueça-se de Deus, o amor fará tudo. Mas nunca se esqueça do amor, porque Deus sozinho não adiantará.

Inteligência é discernimento, compreensão. Verdade é a palavra-chave *sat*. O homem que se move por meio da inteligência move-se na direção de *sat*, da verdade.

Mais elevado que a inteligência é o sexto tipo de religião. Eu a chamo de a religião da meditação.

Meditação é consciência, espontaneidade, o que Buda chama de *Sahaja Manush*, o homem espontâneo. A liberdade não tradicional é radical, revolucionária, individual. A palavra-chave é *chit*, consciência. A inteligência é ainda a forma mais elevada do intelecto, a inteligência é a forma mais pura de intelecto. A escada é a mesma. O intelecto está descendo na mesma escada; a inteligência está subindo, mas a escada é a mesma. Na meditação, a escada é descartada. Agora não há mais movimento na mesma escada, nem para cima nem para baixo. Agora não há mais movimento, mas um estado de ausência de movimento dentro, uma imersão em si mesmo, um mergulho em si mesmo.

O intelecto é orientado para o outro; a inteligência também é orientada para o outro. O intelecto elimina o outro, a inteligência se une ao outro, mas ambos são orientados para o outro. Assim, se você está me entendendo corretamente, os quatro primeiros tipos de religião eu não chamo de religião. São pseudorreligiões. A verdadeira religião se inicia com o quinto tipo, e essa é a mais inferior, mas é real. O sexto tipo de religião é aquele da meditação, da consciência, *chit*. A pessoa simplesmente se move para dentro de si mesma. Todas as direções são abandonadas, todas as dimensões são abandonadas. A pessoa simplesmente tenta ser ela mesma, simplesmente tenta apenas ser. É aí que o Zen existe, no sexto tipo de religião. A própria palavra *zen* vem de *dhyana*, meditação.

Então vem o tipo mais elevado de religião, o sétimo: a religião do êxtase, o *samadhi*.

Assim como o quinto tipo tem a palavra-chave *sat*, verdade, e o sexto tipo, a religião da meditação, tem a palavra-chave *chit*, consciência, o sétimo, o mais elevado, tem *anand*, o deleite, o êxtase. Essa é a palavra-chave: *sat-chit-ananda*, verdade, consciência, êxtase.

O sétimo tipo – alegria, celebração, canto, dança, êxtase, *anand*, torna a meditação extremamente alegre. Uma pessoa pode ser meditativa e pode se tornar triste. Pode ser meditativa, tornar-se muito silenciosa e deixar escapar o deleite.

Porque a meditação pode deixá-lo silencioso, absolutamente imóvel, mas a menos que a dança aconteça em você, algo está faltando. A paz é boa, a paz é muito bonita, mas algo está faltando: está faltando o êxtase. Quando a paz começa a dançar, isso é o êxtase. Quando a paz se torna ativa, transbordante, isso é o êxtase. Quando o êxtase está fechado em uma semente, isso é a paz. E quando a semente brota, não apenas isso, mas a árvore floresce, as flores surgem, e a semente transforma-se numa flor, isso é *samadhi*. Esse é o tipo mais elevado de religião.

A paz tem de dançar e o silêncio tem de cantar. E, a menos que a sua realização mais profunda se torne um riso, algo ainda está faltando. Algo ainda tem de ser feito.

Sobre Osho

Osho desafia qualquer categorização. Suas milhares de palestras abordam tudo, desde a busca individual por sentido até as questões sociais e políticas mais prementes enfrentadas pela sociedade atual. Seus livros não são escritos, mas transcritos de gravações de áudio e vídeo de palestras dadas para ouvintes oriundos das mais diferentes partes do mundo. Como ele diz: "Lembrem-se: o que quer que eu esteja dizendo não é apenas para vocês [...] Estou falando também para as futuras gerações". Em Londres, Osho foi descrito pelo jornal *Sunday Times* como um dos "mil realizadores do século XX" e pelo escritor americano Tom Robbins como "o homem mais perigoso desde Jesus Cristo". O *SundayMid-Day* (Índia) selecionou Osho como uma das dez pessoas que mudaram o destino da Índia – juntamente com Gandhi, Nehru e Buda.

Sobre seu próprio trabalho, Osho disse que está ajudando a criar as condições para o nascimento de um novo tipo de ser humano. Ele em geral caracteriza esse novo ser humano como "Zorba, o Buda", alguém capaz de aproveitar tanto os prazeres terrenos de um Zorba, o Grego, como também a serenidade silenciosa de Gautama, o Buda. A análise de todos os aspectos das palestras e meditações de Osho mostra que estas englobam tanto a sabedoria atemporal de todas as eras passadas como o alto potencial tecnológico e científico de hoje (e de amanhã).

Osho também é conhecido por suas revolucionárias contribuições para a ciência das transformações internas, com uma abordagem da meditação que leva em consideração o passo acelerado da vida contemporânea. Sua técnica única de "meditação ativa" é projetada de forma a aliviar o estresse acumulado no corpo e na mente, tornando possível a vivência do livre-pensamento e do relaxante estado meditativo na vida cotidiana.

Resort de Meditação da Osho Internacional

Localização: situado a aproximadamente 160 quilômetros a sudeste de Mumbai, na próspera cidade de Puna, na Índia, o Resort de Meditação da Osho Internacional é um destino de férias, com uma diferença: ocupa 16 hectares de jardins espetaculares e uma maravilhosa área residencial urbanizada.

Singularidade: todos os anos, o resort de meditação recebe milhares de pessoas de mais de cem países. O *campus* proporciona a oportunidade para uma experiência direta de uma nova maneira de viver – com mais consciência, relaxamento, celebração e criatividade. Ali está disponível uma grande variedade de programas 24 horas por dia, durante o ano todo. Não fazer nada e apenas relaxar é uma delas!

Todos os programas são baseados na visão de Osho de "Zorba, o Buddha" – um tipo qualitativamente novo de ser humano, que é capaz *ao mesmo tempo* de participar criativamente da vida cotidiana e de relaxar no silêncio e na meditação.

Meditações: Uma programação de um dia inteiro de meditações para todo tipo de pessoa inclui métodos ativos e passivos, tradicionais e revolucionários, e em particular as *Osho Active Meditations*™. As meditações ocorrem num espaço que deve ser o maior salão de meditação do mundo, o *Osho Auditorium*.

Multiversidade: Sessões individuais, cursos e workshops abordam tudo, desde artes criativas até tratamentos de saúde holística, transformação pessoal, questões de relacionamento e mudanças da vida, trabalho como meditação, ciências esotéricas e abordagem "Zen" para esportes e recreação. O segredo da multiversidade está no fato de que todos os seus programas estão combinados com a meditação, sustentando o entendimento de que, como seres humanos, somos muito mais do que a soma de nossas partes.

Basho Spa: O luxuoso *Basho Spa* proporciona uma natação calma ao ar livre, em um local cercado de árvores e vegetação tropical. As espaçosas *Jacuzzi* singularmente projetadas, as saunas, o ginásio, as quadras de tênis... tudo enfatizado por sua localização fantasticamente bela.

Cozinha: Várias áreas diferentes de alimentação servem deliciosas refeições vegetarianas ocidentais, asiáticas e indianas – e a maioria dos alimentos é plantada especialmente para este resort de meditação. Os pães e bolos são assados na própria padaria do local.

Vida Noturna: Há muitos eventos noturnos para escolher – a dança está no topo da lista! Outras atividades incluem meditações durante a lua cheia sob as estrelas, apresentações musicais e meditações para a vida cotidiana. Ou você pode simplesmente desfrutar do encontro com amigos no Plaza Café ou ainda caminhar na calma noturna dos jardins deste ambiente de conto de fadas.

Conveniências: Você pode comprar seus produtos e artigos de higiene básicos na Galeria. Na *Multimedia Gallery* você encontra uma grande quantidade de produtos audiovisuais relacionados a Osho. Há também um banco, uma agência de viagens e um Cyber Café no *campus*. Para aqueles que gostam de fazer compras, Puna proporciona todas as opções desde produtos indianos tradicionais e étnicos até os das mais diferentes marcas internacionais.

Acomodações: Você pode optar por ficar nos elegantes aposentos da *Osho Guesthouse*, ou, para estadias mais prolongadas, optar por um dos pacotes do programa *Living-In*. Além disso, há vários hotéis e *flats* mobiliados nas proximidades.

Acesse www.osho.com/meditationresort para mais informações.

Para mais informações

Para mais informações sobre Osho e seu trabalho, acesse:

www.osho.com

Trata-se de um abrangente site em vários idiomas, que inclui uma revista, livros de Osho, palestras de Osho em formato de áudio e vídeo, uma biblioteca de textos de Osho em inglês e hindi e ampla informação sobre as meditações de Osho. Você também encontrará o programa dos cursos da Osho Multiversity e informações sobre o Resort de Meditação da Osho International.

Acesse os sites:
www.OSHO.com/resort
www.OSHO.com/magazine
www.OSHO.com/shop
www.youtube.com/OSHO
www.oshobytes.blogspot.com
www.Twitter.com/OSHOtimes
www.facebook.com/pages/OSHO.International
www.flickr.com/photos/oshointernational

Para contatar a Osho International, acesse:
www.osho.com/oshointernational
oshointernational@oshointernational.com

Este livro foi composto em Apollo
e impresso pela Intergraf
para a Editora Planeta do Brasil
em janeiro de 2015.